CÓMO DETENER PENSAMIENTOS SUICIDAS

Estrategias Efectivas para los que se Sienten Atrapados sin Salida

WILLOW MILLER

© **Copyright 2022 – Willow Miller - Todos los derechos reservados.**

Este documento está orientado a proporcionar información exacta y confiable con respecto al tema tratado. La publicación se vende con la idea de que el editor no tiene la obligación de prestar servicios oficialmente autorizados o de otro modo calificados. Si es necesario un consejo legal o profesional, se debe consultar con un individuo practicado en la profesión.

- Tomado de una Declaración de Principios que fue aceptada y aprobada por unanimidad por un Comité del Colegio de Abogados de Estados Unidos y un Comité de Editores y Asociaciones.

De ninguna manera es legal reproducir, duplicar o transmitir cualquier parte de este documento en forma electrónica o impresa.

La grabación de esta publicación está estrictamente prohibida y no se permite el almacenamiento de este documento a menos que cuente con el permiso por escrito del editor. Todos los derechos reservados.

La información provista en este documento es considerada veraz y coherente, en el sentido de que cualquier responsabilidad, en términos de falta de atención o de otro tipo, por el uso o abuso de cualquier política, proceso o dirección contenida en el mismo, es responsabilidad absoluta y exclusiva del lector receptor. Bajo ninguna circunstancia se responsabilizará legalmente al editor por cualquier reparación, daño o pérdida monetaria como consecuencia de la información contenida en este documento, ya sea directa o indirectamente.

Los autores respectivos poseen todos los derechos de autor que no pertenecen al editor.

La información contenida en este documento se ofrece únicamente con fines informativos, y es universal como tal. La presentación de la información se realiza sin contrato y sin ningún tipo de garantía endosada.

El uso de marcas comerciales en este documento carece de consentimiento, y la publicación de la marca comercial no tiene ni el permiso ni el respaldo del propietario de la misma.

Todas las marcas comerciales dentro de este libro se usan solo para fines de aclaración y pertenecen a sus propietarios, quienes no están relacionados con este documento.

Índice

Introducción — vii

1. Definir el suicidio — 1
2. Afrontar el problema olvidado del suicidio — 7
3. Síntomas y causas — 17
4. Diagnóstico y tratamiento — 29
5. Qué hacer cuando alguien tiene tendencias suicidas — 43
6. Atender la seguridad inmediata — 53
7. Planes de seguridad para prevenir el suicidio — 67
8. Crianza de los hijos y prevención del suicidio — 85
9. Sociedad y cultura sobre el suicidio — 97
10. Valores culturales y suicidio — 113
11. El sistema político y el suicidio — 123
12. El autocuidado de la persona que apoya — 143
13. Autocuidado para los supervivientes de pérdidas por suicidio — 149
14. Cuidado con la posibilidad de recaída — 159

Conclusión — 167

Introducción

El suicidio es una amenaza prevenible para la salud pública que requiere una respuesta multisectorial. Existen estrategias de prevención prometedoras en los sectores de la atención sanitaria, la justicia penal y la educación. Es necesario seguir trabajando para difundir estas estrategias y desarrollar otras.

Las muertes por suicidio se encuentran en su punto más alto y van en aumento, una tendencia preocupante, dado el aumento del aislamiento social, el declive económico y los problemas de salud mental y de consumo de sustancias relacionados con la pandemia de la enfermedad por coronavirus 2019 (COVID-19). Es probable que estos factores exacerben las "muertes por desesperación", incluido el suicidio.

El suicidio fue la décima causa de muerte en Estados Unidos en 2018, cobrándose más del doble de vidas que el homicidio.

Ocupa aproximadamente el cuarto lugar entre todas las causas de muerte en términos de años potenciales de vida perdidos.

Introducción

Desde 1999, cuando los Centros para el Control y la Prevención de Enfermedades (CDC) comenzaron a hacer un seguimiento del suicidio, hasta 2018, las tasas de suicidio aumentaron un 35%, hasta 14,2 por cada 100.000 personas.

Esta epidemia de suicidios afecta a todas las edades y grupos étnicos, aunque ciertas poblaciones se ven afectadas de forma desproporcionada. El suicidio fue la segunda causa de muerte en adolescentes en Estados Unidos en 2019. Entre 2007 y 2018, el suicidio aumentó un 57,4% en los jóvenes de 10 a 24 años. Dentro de la demografía juvenil, hay más disparidad basada en la raza. Los jóvenes negros tienen ahora un mayor riesgo de morir por suicidio que sus compañeros blancos.

Aunque las tasas de suicidio en las poblaciones de indios americanos y nativos de Alaska han superado durante mucho tiempo la media nacional, el fuerte aumento de la tasa de suicidio entre las mujeres indias americanas y nativas de Alaska entre 1999 y 2017 (139%) es una tendencia alarmante.

Las jóvenes lesbianas, gays y bisexuales contemplan seriamente el suicidio a un ritmo casi tres veces mayor que los jóvenes heterosexuales, según un informe de 2015, y la tasa de intentos de suicidio del primer grupo es casi cinco veces mayor que la del segundo. Además, el 40% de los transexuales han intentado suicidarse a lo largo de su vida, según un informe de 2015, superando la tasa de la población estadounidense en casi nueve veces.

La tasa de suicidio de los veteranos fue 1,5 veces mayor que la de la población general de Estados Unidos en 2019, y el suicidio entre los miembros del servicio militar en activo se encuentra actualmente en el nivel más alto de los últimos seis

Introducción

años -una preocupante tendencia al alza- a pesar de que las tasas son inferiores o equivalentes a las de la población general de Estados Unidos cuando se ajustan por edad.

Históricamente, los responsables políticos han abordado el suicidio buscando soluciones en el sector sanitario. Sin embargo, el suicidio debe considerarse en un contexto más amplio que incluye tanto la salud física y mental del individuo como una multitud de factores sociales y comunitarios. Por término medio, cada suicidio afecta a 135 personas y repercute en las familias y los círculos sociales, lo que pone de manifiesto la necesidad de examinar el problema y sus soluciones desde una perspectiva amplia.

Sin un enfoque sistémico amplio que abarque más que el sector sanitario, las soluciones se quedarán cortas. Este informe describe los avances en la ciencia de la prevención del suicidio en los sectores de la atención sanitaria, la justicia penal y la educación. Un sector importante que no se incluye en este informe es el militar. Aunque el Departamento de Defensa y el Departamento de Asuntos de los Veteranos han emitido fuertes directrices para abordar el suicidio entre el personal militar y los veteranos, la prevención del suicidio en esta población única está fuera del alcance de este informe y se cubre en detalle en otro lugar. Este informe proporciona una visión general de la investigación sobre el riesgo de suicidio y los factores de protección, destaca las estrategias actuales de prevención del suicidio en los tres sectores mencionados y señala las oportunidades políticas para mejorar los esfuerzos de prevención multisectorial.

1

Definir el suicidio

El término suicidio describe el acto de quitarse la vida. Hay varios tipos de suicidio, por lo que nuestra primera tarea es aclarar el uso del término. En este artículo, nos referimos al suicidio en el sentido convencional, en el que alguien planea o actúa sobre pensamientos y sentimientos autodestructivos, a menudo mientras experimenta un estrés abrumador. El "suicidio asistido" se produce cuando un médico ayuda a morir a un enfermo terminal, evitando así un declive inminente, inevitable y potencialmente doloroso. Nuestro actual debate sobre el suicidio no aborda el suicidio asistido.

La intención de la conducta suicida, ya sea motivada consciente o inconscientemente, es acabar con la propia vida de forma permanente. Los actos verdaderamente suicidas (o, como se les llama a veces, "gestos") deben distinguirse de otros actos y gestos autolesivos, autolesivos o parasuicidas que también son deliberados, pero no tienen la intención de causar la muerte. Los actos autolesivos típicos incluyen cortarse o quemarse.

La intención de estos comportamientos es causar una sensación intensa, dolor y daño, pero no acabar con la propia vida. Las conductas autolesivas pueden conducir al suicidio accidental si se llevan demasiado lejos, pero su intención y objetivo inicial no son suicidas.

Aunque el comportamiento autolesivo no es un comportamiento suicida, tampoco es exactamente un comportamiento saludable. Si tienes una conducta autolesiva o tienes el impulso de hacerlo, también es importante que busques atención de salud mental. La Terapia Dialéctica Conductual (o TDC, como se conoce comúnmente) es una forma de psicoterapia eficaz y ahora ampliamente disponible que ayuda a las personas que se autolesionan a aprender y practicar medios alternativos y seguros para hacer frente a las tensiones de la vida y, al hacerlo, reduce sus tendencias autolesivas. Varios medicamentos, recetados por un psiquiatra, también pueden ser útiles para reducir la necesidad de llevar a cabo impulsos autolesivos.

Los sentimientos e impulsos suicidas a veces coinciden con los sentimientos e impulsos homicidas (es decir, asesinos). Algunas personas que sienten que la vida no merece la pena ser vivida también llegan a sentir que la vida de los demás tampoco debería continuar. Estas personas pueden decidir poner fin a la vida de otras personas antes de suicidarse (o junto con ello).

Las motivaciones detrás de los eventos de suicidio-homicidio pueden incluir el deseo de castigar a alguna persona (o personas), o de vengarse de aquellos que han causado un dolor intolerable al individuo suicida.

Estos sucesos también pueden estar motivados por creencias religiosas o por órdenes militares. Algunos ejemplos de suicidio-homicidio incluyen: atentados suicidas, suicidio conjunto, suicidio de culto, masacres en escuelas o lugares de trabajo seguidas de suicidio, o situaciones en las que las personas matan a sus familias y luego se suicidan. En este documento no vamos a hablar más de los sucesos de suicidio-homicidio. Sin embargo, si estás experimentando tanto impulsos suicidas como homicidas, por tu seguridad y la de los demás que te rodean, es importante que consigas ayuda para ti mismo lo antes posible para que estos impulsos puedan ser tratados de forma adecuada y segura.

Ideación suicida

La ideación suicida es un término utilizado por los profesionales de la salud mental para describir los pensamientos y sentimientos suicidas (sin acciones suicidas). Por ejemplo, las personas que experimentan ideación suicida suelen decir que se sienten inútiles, que no vale la pena vivir y que el mundo estaría mejor sin ellas. La presencia de ideación suicida, que se produce por sí sola en ausencia de planes para llevar a cabo el suicidio real, ancla el extremo bajo/menos peligroso del continuo de riesgo de suicidio. La posibilidad de que alguien se suicide sigue existiendo, pero el riesgo no es agudo (es decir, inmediato).

. . .

Aunque la ideación suicida se considera menos grave que los intentos reales de suicidio, puede ser un verdadero motivo de preocupación.

El hecho de que la ideación suicida se produzca sugiere una posibilidad muy real de que se produzca un suicidio si las circunstancias empeoran y los niveles de estrés aumentan.

Cualquier persona que tenga ideación suicida corre cierto riesgo de convertirse en un suicida activo.

Otro problema es que una vez que la ideación suicida se ha establecido, puede convertirse en un "hábito cognitivo"; algo que reaparece periódica y espontáneamente durante los momentos de estrés como un estilo de pensamiento automático y habitualmente negativo y disfuncional. Estos estilos de pensamiento automático disfuncional son especialmente comunes en personas que están actualmente deprimidas o que se están recuperando de un período anterior de depresión. La presencia continuada de estos estilos de pensamiento en una persona que se ha recuperado de una depresión puede ser un factor de riesgo para una nueva depresión y para gestos suicidas.

Gestos suicidas

La ideación suicida sólo es peligrosa en la medida en que motiva la planificación y las acciones suicidas. Pasar de pensar en el suicidio a considerar un plan suicida específico representa un aumento en el nivel de riesgo de suicidio-peligro, sin importar si los planes realizados son concretos o vagos; organizados o al azar. Cuando se producen acciones suicidas, el nivel de riesgo de suicidio-peligro aumenta.

Los profesionales de la salud mental etiquetan los intentos reales de suicidio como "gestos suicidas" o "intentos de suicidio", independientemente de la ineficacia de esos intentos. Los gestos suicidas pueden llevarse a cabo con plena intención letal, o pueden realizarse con poco entusiasmo, más como un medio de comunicar la profundidad de su dolor a otros que le rodean que como un esfuerzo real para acabar con su vida. Independientemente de la intención y del grado de seriedad que los motive, los gestos suicidas suelen ser acontecimientos peligrosos.

Incluso los gestos suicidas ambivalentes y poco entusiastas pueden dar lugar a un suicidio consumado.

2

Afrontar el problema olvidado del suicidio

NUESTRA APATÍA con respecto al suicidio se caracteriza por el hecho de que los avances teóricos en el área del suicidio han sido escasos desde que Durkheim, Freud y Menninger escribieron sobre el tema. Hemos tenido miedo de afrontar el hecho del suicidio porque -por las razones que sean- el suicidio sigue siendo en gran medida uno de los temas tabú de nuestra sociedad.

Magnitud del problema

Las dificultades de la investigación sobre el suicidio, al igual que ocurre con otros temas tabú, se ven agravadas por las implicaciones religiosas, filosóficas y jurídicas que no se pueden ignorar. Tal vez el más conmovedor de estos dilemas sea la cuestión de si un individuo puede destruirse a sí mismo de forma racional e intencionada, o si el acto del suicidio es siempre o normalmente una posible consecuencia de la aberración mental.

Farrar propone que, incluso hoy en día, la familia o los amigos de un individuo que se suicida pueden preferir pensar que está "loco" en lugar de intentar el doloroso y desconcertante cuestionamiento de por qué o cómo alguien podría matarse estando en su "sano juicio". El péndulo de las opiniones sobre el comportamiento suicida oscila entre el desprecio por los individuos débiles que no pueden enfrentarse a la vida y la admiración por los que se suicidan por deber o valor. Sin embargo, se calcula que entre 19.000 y 25.000 personas se suicidan realmente en Estados Unidos cada año. Cuando, además, se incluye a los que intentan suicidarse durante el año como parte del problema, entonces la magnitud del comportamiento suicida exige la atención de todos los que se preocupan por la vida y la salud de nuestro pueblo. Y, sin embargo, es un área en la que tendemos a descuidar nuestras responsabilidades. No hay escasez de literatura sobre el tema, sino que la negligencia está en nuestra incapacidad o falta de voluntad para aplicar lo que se sabe.

Algunas razones de la negligencia

Las razones de la negligencia en sí mismas merecen ser discutidas. El suicidio no sólo despierta profundos sentimientos negativos en la mayoría de las personas -mucho más que otras formas de muerte-, sino que, debido al estigma que pesa sobre la víctima y su familia, ha sido difícil reunir datos precisos sobre el fenómeno. ¿Por qué el suicidio despierta sentimientos tan negativos en nuestra sociedad? A nivel cultural, estos sentimientos incluyen la muerte en todas sus formas, pero es particularmente cierto en el caso de la muerte por la propia mano.

. . .

Como se ha señalado muchas veces, cada uno de nosotros, consciente o inconscientemente, está imbuido de un sentimiento personal de inmortalidad -no podemos aceptar el hecho de la inevitabilidad de nuestra propia muerte, de modo que la muerte, en general, es para nosotros una especie de afrenta personal. La mayor afrenta de todas es que alguien demuestre la vulnerabilidad del hombre no sólo muriendo, sino determinando el momento y el lugar y demostrando así, al poner fin a su propia existencia, no sólo su mortalidad, sino también la nuestra, pues lo que el hombre ha hecho, el hombre puede hacerlo.

Nuestra civilización se basa en las tradiciones judeocristianas, que enseñan que la vida es sagrada y que sólo puede ser tomada por un poder superior al hombre. Puesto que el hombre no quiso su propio comienzo, tampoco puede querer su final, ya que ambos están en manos de este poder superior.

Para reforzar este carácter sagrado, la sociedad ha desarrollado leyes que prohíben quitar la vida, incluido el suicidio. Sin embargo, la sociedad se ha detenido aquí y ha sido lenta en el desarrollo de métodos para determinar los factores etiológicos del asesinato y el suicidio. Se ha realizado un buen trabajo en el ámbito del homicidio, pero no se puede decir lo mismo del suicidio. La sociedad ha eludido la cuestión proporcionando respuestas que satisfacían a la mayoría de sus miembros, pero que son bastante infundadas cuando se analizan científicamente.

. . .

La principal respuesta a "¿por qué el suicidio?" ha sido durante mucho tiempo, por supuesto, que la persona que se suicida es necesariamente un enfermo mental.

Otra razón para no profundizar en el problema del suicidio es el aura de sospecha que se cierne sobre los miembros supervivientes de la familia del suicida. Este sentimiento ha llevado en ocasiones a certificar la muerte por causas naturales "para evitar a la familia". En los casos en que la certificación era necesariamente la de suicidio, el estigma ha sido casi imposible de desechar para la familia. De este modo, la investigación científica se ha visto excluida por una conspiración de silencio creada como defensa contra las represalias de la sociedad por la violación de uno de sus tabúes más estrictos.

También hay razones socio-psicológicas para el descuido de esta área. Los científicos han sido reacios a inmiscuirse en el duelo. Los familiares y amigos cercanos de la víctima del suicidio -muchos de los cuales podrían haber hecho algo para evitar la tragedia si hubieran reconocido las señales de advertencia- han dificultado la tarea de investigación y, en muchos casos, la han hecho imposible. Además, está la reacción de los propios científicos: ellos también son susceptibles a la ansiedad que rodea a la muerte y quizás también se protegen de las ansiedades que aumentan con actividades como la investigación del suicidio. Otros ámbitos de la investigación científica son más prometedores, y la investigación en estas importantes áreas relacionadas con la conservación, la restauración o la salvación de la vida ofrece recompensas más atractivas.

. . .

La tendencia de la mayoría de las personas es empatizar con los demás, especialmente en circunstancias trágicas.

En el caso del suicidio, esta empatía puede suponer una amenaza personal para el investigador; puede encontrar su tema tan perturbador que le haga imposible continuar. En el plano técnico y metodológico, el abandono de la investigación sobre el suicidio se ha relacionado con una serie de factores. Ya se ha mencionado la dificultad de determinar el número real de suicidios. No podemos estar en absoluto seguros de que los datos sean adecuados o precisos. Las razones de esto se derivan de mucho de lo que ya se ha dicho, pero además hay otro problema.

El problema es que, para el conjunto de la nación, sólo existen especulaciones sobre cuántas personas intentan suicidarse cada año. En la actualidad, no existe ningún sistema de información que pueda proporcionar esta cifra. Cuando una persona muere realmente, debe haber una decisión médica sobre la causa de la muerte; si la causa figura como suicidio, se informa de ello y pasa a formar parte de las cifras que componen nuestras estadísticas vitales nacionales. Sin embargo, si el intento de suicidio no tiene éxito, no existe ningún requisito que haga obligatoria la notificación. Por ello, las cifras relativas al número de intentos de suicidio en comparación con los suicidios exitosos son conjeturales, y oscilan entre ocho y uno en Los Ángeles[3] y un mínimo de cinco y uno en la ciudad de Nueva York.

Algunos investigadores han realizado recientemente trabajos empíricos sobre el suicidio, y se han producido avances en el marco de los relativamente nuevos centros de prevención de los que ha hablado Shneidman. Sin embargo, en su mayor parte, la investigación de los diversos aspectos del suicidio y de sus causas y consecuencias ha sido prácticamente descuidada.

En gran medida, gran parte de la negligencia en el estudio del comportamiento suicida se deriva de la existencia de explicaciones teóricas contradictorias del fenómeno. El sociólogo considera que los constructos teóricos utilizados por el psicoanalista son un tanto místicos -construcciones como el deseo de muerte, la destrucción del superego internalizado, la expiación de la culpa, etc. El investigador de orientación psicoanalítica, por otra parte, se siente igualmente confundido por constructos como la integración del estatus, los sistemas sociales y aquellas orientaciones teóricas que no incluyen al individuo como tal, sino que consideran el sistema social como la entidad de investigación. Una aproximación entre estas dos orientaciones puede ayudar a superar la inercia en el área.

El problema crucial es el de aislar las variables sociales relevantes en su interacción con el individuo, incluyendo sus deseos y anhelos conscientes e inconscientes. Los interesados en la psiquiatría comunitaria y en la teoría de campo de la psicología social están haciendo algunos progresos en esta dirección. De hecho, por su propia naturaleza, el comportamiento suicida puede proporcionar importantes contribuciones teóricas a muchas otras formas de comportamiento aberrante.

La conducta suicida es un esfuerzo por manipular el entorno de tal manera que se logren deseos conscientes o inconscientes

-esto no es exclusivo del suicidio, otros ejemplos irían desde la hipocondría hasta la delincuencia juvenil. Por lo tanto, los enfoques derivados de la teoría para el control de la conducta suicida pueden producir importantes dividendos también en estos otros campos.

Algunas razones para el optimismo

Las razones por las que se descuidan las actividades de investigación son muchas, y están creadas por tabúes culturales, deficiencias técnicas y metodológicas, y consideraciones sociales y psicológicas. Sin embargo, la situación no ha sido del todo negativa. Se ha logrado lo suficiente como para proporcionar una excelente base para ampliar y expandir la investigación a escala nacional. El trabajo del Centro de Prevención del Suicidio de Los Ángeles, por ejemplo, puede utilizarse como punto de partida como instalación modelo que otras comunidades harían bien en emular.

Se han determinado muchas características de la población con riesgo de suicidio real. En los datos que se han acumulado son especialmente visibles tres grupos distintos: los pacientes con depresión psiquiátrica; los hombres blancos de edad avanzada, especialmente en los dos extremos del continuo del estatus socioeconómico; y las personas que tienen registros de intentos de suicidio anteriores. Los pacientes con depresiones son otra de las paradojas en el perfil del suicidio. En lo más profundo de su depresión, la posibilidad de suicidio no es un peligro tan grande; sin embargo, a medida que la depresión se va disipando, el riesgo de suicidio aumenta rápidamente.

. . .

Esto puede deberse a dos razones. La primera es que la mejora suele traer consigo la energía necesaria para llevar a cabo el acto de suicidio. La segunda es similar, pero surge de una causa diferente. En este caso, la mejoría se produce después de que el paciente se haya decidido finalmente a llevar a cabo sus planes de suicidio.

La mejoría no es realmente saludable; simplemente lo parece, ya que el paciente está satisfecho con su solución y ahora espera una oportunidad para completar sus planes. Un paciente deprimido de este tipo debe ser considerado como un riesgo de suicidio definitivo durante al menos tres meses o un año después de que comience a mejorar. Por último, están los que han hecho intentos de suicidio anteriormente. Estas personas también son extremadamente vulnerables a nuevos intentos. En este sentido, pueden compararse con otras personas que intentan manipular su entorno social obligando a los demás a responder a sus deseos.

Se necesita mucha más información en este ámbito, pero los estudios existentes han proporcionado una base inicial". La evidencia es que pocos de esta población están decididos a morir. Más bien, utilizan el suicidio como método para manipular a los demás en el ámbito socio-psicológico cuando los métodos menos drásticos han fracasado. Las mujeres jóvenes, solteras y blancas entran en este grupo. Es interesante observar que se trata de poblaciones diferentes, aunque un número de personas que tienen la plena intención de morir se ven frustradas en sus intentos, mientras que algunos de los que tienen la intención de manipular y no de morir, lamentablemente, tienen éxito en sus intentos. La cuestión es que, aparentemente, cada una de las poblaciones debe ser estudiada como una entidad separada. Así que hay, en los estudios y especulaciones ya existentes, una base para ampliar y expandir la investigación y los esfuerzos de la comunidad en esta área. Ciertamente, el suicidio es un problema de salud pública y puede considerarse como un área en la que deben utilizarse enfoques de salud pública.

3

Síntomas y causas

EL SUICIDIO, el hecho de quitarse la vida, es una reacción trágica a las situaciones estresantes de la vida, y aún más trágica porque el suicidio puede prevenirse. Tanto si estás pensando en suicidarte como si conoces a alguien que se siente suicida, aprende las señales de advertencia del suicidio y cómo pedir ayuda inmediata y tratamiento profesional. Puedes salvar una vida, la tuya o la de otra persona.

Puede parecer que no hay forma de resolver tus problemas y que el suicidio es la única manera de acabar con el dolor. Pero puedes tomar medidas para mantenerte a salvo, y empezar a disfrutar de tu vida de nuevo.

Para ayuda inmediata

Si te sientes abrumado por pensamientos de no querer vivir o tienes impulsos de intentar suicidarte, busca ayuda ahora.

- Llame inmediatamente al 911 o al número local de emergencias.

- Llama a una línea de ayuda al suicidio.

Síntomas

Los signos de advertencia de suicidio o los pensamientos suicidas incluyen:

- Hablar de suicidio: por ejemplo, hacer afirmaciones como "me voy a suicidar", "ojalá estuviera muerto" o "ojalá no hubiera nacido"

- Conseguir los medios para quitarse la vida, como comprar un arma o almacenar pastillas

- Retirarse del contacto social y querer estar solo

- Tener cambios de humor, como estar emocionalmente alto un día y profundamente desanimado al siguiente

- Estar preocupado por la muerte, los moribundos o la violencia

. . .

- Sentirse atrapado o desesperado por una situación

- Aumento del consumo de alcohol o drogas

- Cambiar la rutina normal, incluyendo los patrones de alimentación o de sueño

- Hacer cosas arriesgadas o autodestructivas, como consumir drogas o conducir de forma temeraria

- Regalar pertenencias o poner en orden los asuntos cuando no hay otra explicación lógica para hacerlo

- Despedirse de la gente como si no se fuera a ver más

- Desarrollar cambios de personalidad o estar muy ansioso o agitado, especialmente cuando se experimentan algunos de los signos de advertencia mencionados anteriormente

Las señales de advertencia no siempre son obvias y pueden variar de una persona a otra. Algunas personas dejan claras sus intenciones, mientras que otras mantienen en secreto sus pensamientos y sentimientos suicidas.

. . .

Cuándo acudir al médico

Si te sientes suicida, pero no estás pensando inmediatamente en hacerte daño:

• Acércate a un amigo cercano o a un ser querido, aunque te resulte difícil hablar de tus sentimientos

• Contacta con un ministro, un líder espiritual o alguien de tu comunidad religiosa

• Llamar a una línea de ayuda al suicidio

• Pide una cita con tu médico, otro profesional de la salud o un profesional de la salud mental

Los pensamientos suicidas no mejoran por sí solos, así que busca ayuda.

Causas

Los pensamientos suicidas tienen muchas causas. La mayoría de las veces, los pensamientos suicidas son el resultado de sentir que no puedes hacer frente a lo que parece ser una situación vital abrumadora. Si no tienes esperanza en el futuro, puedes pensar erróneamente que el suicidio es una solución. Puedes experimentar una especie de visión de túnel, en la que en medio de una crisis crees que el suicidio es la única salida.

También puede haber una relación genética con el suicidio.

Las personas que completan el suicidio o que tienen pensamientos o comportamientos suicidas son más propensas a tener antecedentes familiares de suicidio.

Factores de riesgo

Aunque los intentos de suicidio son más frecuentes en las mujeres, los hombres tienen más probabilidades que las mujeres de completar el suicidio porque suelen utilizar métodos más letales, como un arma de fuego.

Puede estar en riesgo de suicidio si:

• Intento de suicidio antes

• Sentirse desesperado, inútil, agitado, socialmente aislado o solo

. . .

- Experimentar un acontecimiento vital estresante, como la pérdida de un ser querido, el servicio militar, una ruptura o problemas financieros o legales

- Tener un problema de abuso de sustancias: el abuso de alcohol y drogas puede empeorar los pensamientos suicidas y hacer que te sientas lo suficientemente imprudente o impulsivo como para actuar según tus pensamientos

- Tiene pensamientos suicidas y tiene acceso a armas de fuego en su casa

- Tener un trastorno psiquiátrico subyacente, como depresión grave, trastorno de estrés postraumático o trastorno bipolar

- Tener antecedentes familiares de trastornos mentales, abuso de sustancias, suicidio o violencia, incluidos los abusos físicos o sexuales

- Tiene una condición médica que puede estar relacionada con la depresión y la ideación suicida, como una enfermedad crónica, un dolor crónico o una enfermedad terminal

- Son lesbianas, gays, bisexuales o transexuales con una familia que no les apoya o en un entorno hostil

. . .

Niños y adolescentes

El suicidio en niños y adolescentes puede ser consecuencia de acontecimientos vitales estresantes. Lo que un joven ve como algo grave e insuperable puede parecerle a un adulto algo menor, como los problemas en la escuela o la pérdida de una amistad.

En algunos casos, un niño o adolescente puede sentirse suicida debido a ciertas circunstancias de la vida de las que no quiere hablar, como:

• Tener un trastorno psiquiátrico, incluida la depresión

• Pérdida o conflicto con amigos o familiares cercanos

• Antecedentes de abuso físico o sexual

• Problemas con el alcohol o las drogas

• Problemas físicos o médicos, por ejemplo, quedarse embarazada o tener una infección de transmisión sexual

• Ser víctima de acoso escolar

. . .

• No estar seguro de su orientación sexual

• Leer o escuchar un relato de suicidio o conocer a un compañero que murió por suicidio

Si te preocupa un amigo o familiar, preguntarle sobre sus pensamientos e intenciones suicidas es la mejor manera de identificar el riesgo.

Asesinato y suicidio

En raras ocasiones, las personas con tendencias suicidas corren el riesgo de matar a otros y luego a sí mismas. Conocido como homicidio-suicidio o asesinato-suicidio, algunos factores de riesgo son:

• Historial de conflictos con el cónyuge o la pareja sentimental

• Problemas legales o financieros familiares actuales

• Antecedentes de problemas de salud mental, en particular de depresión

• Abuso de alcohol o drogas

• Tener acceso a un arma de fuego

• • •

Inicio de los antidepresivos y aumento del riesgo de suicidio

La mayoría de los antidepresivos son generalmente seguros, pero la Administración de Alimentos y Medicamentos (FDA) exige que todos los antidepresivos lleven advertencias de recuadro negro, las más estrictas para las recetas.

En algunos casos, los niños, adolescentes y adultos jóvenes menores de 25 años pueden tener un aumento de los pensamientos o comportamientos suicidas cuando toman antidepresivos, especialmente en las primeras semanas después de empezar o cuando se cambia la dosis.

Sin embargo, hay que tener en cuenta que es más probable que los antidepresivos reduzcan el riesgo de suicidio a largo plazo al mejorar el estado de ánimo.

Complicaciones

Los pensamientos suicidas y los intentos de suicidio tienen un coste emocional. Por ejemplo, puedes estar tan consumido por los pensamientos suicidas que no puedes funcionar en tu vida diaria. Y aunque muchos intentos de suicidio son actos impulsivos durante un momento de crisis, pueden dejarte con lesiones permanentes graves o severas, como insuficiencia de órganos o daño cerebral.

. . .

Para los que se quedan atrás después de un suicidio -las personas conocidas como supervivientes del suicidio- el dolor, la ira, la depresión y la culpa son comunes.

Prevención

Para evitar que te sientas suicida:

- **Recibe el tratamiento que necesitas.** Si no tratas la causa subyacente, es probable que tus pensamientos suicidas vuelvan a aparecer. Puede que te sientas avergonzado de buscar tratamiento para los problemas de salud mental, pero recibir el tratamiento adecuado para la depresión, el abuso de sustancias u otro problema subyacente te hará sentir mejor en la vida, y te ayudará a mantenerte seguro.

- **Establece tu red de apoyo.** Puede ser difícil hablar de los sentimientos suicidas, y es posible que tus amigos y familiares no entiendan del todo por qué te sientes así. De todos modos, acércate a ellos y asegúrate de que las personas que se preocupan por ti sepan lo que pasa y estén ahí cuando los necesites. También puedes buscar ayuda en tu lugar de culto, grupos de apoyo u otros recursos comunitarios. Sentirse conectado y apoyado puede ayudar a reducir el riesgo de suicidio.

- **Recuerda que los sentimientos suicidas son temporales.** Si te sientes desesperanzado o crees que ya no vale la pena vivir, recuerda que el tratamiento puede ayudarte a recuperar la perspectiva, y la vida mejorará. Da un paso a la vez y no actúes impulsivamente.

4

Diagnóstico y tratamiento

Su médico puede realizar un examen físico, pruebas y un interrogatorio en profundidad sobre su salud mental y física para ayudar a determinar qué puede estar causando su pensamiento suicida y para determinar el mejor tratamiento.

Las evaluaciones pueden incluir:

- **Problemas de salud mental.** En la mayoría de los casos, los pensamientos suicidas están relacionados con un problema de salud mental subyacente que puede ser tratado. Si este es el caso, es posible que tengas que acudir a un médico especializado en el diagnóstico y tratamiento de enfermedades mentales (psiquiatra) o a otro profesional de la salud mental.

- **Condiciones de salud física.** En algunos casos, la ideación suicida puede estar relacionada con un problema de salud física subyacente. Es posible que sea necesario realizar análisis de sangre y otras pruebas para determinar si este es el caso.

- **Consumo de alcohol y drogas.** Para muchas personas, el alcohol o las drogas desempeñan un papel en la ideación suicida y el suicidio consumado. Su médico querrá saber si tiene algún problema con el consumo de alcohol o drogas, como atracones o incapacidad para reducir o dejar de consumir alcohol o drogas por su cuenta. Muchas personas que se sienten suicidas necesitan tratamiento para ayudarles a dejar de consumir alcohol o drogas, para reducir sus sentimientos suicidas.

- **Medicamentos.** En algunas personas, ciertos medicamentos recetados o de venta libre pueden provocar sentimientos suicidas. Informe a su médico sobre los medicamentos que toma para ver si pueden estar relacionados con su pensamiento suicida.

Niños y adolescentes

Los niños que sienten deseos de suicidarse suelen necesitar ver a un psiquiatra o psicólogo con experiencia en el diagnóstico y tratamiento de niños con problemas de salud mental. Además de la conversación con el paciente, el médico querrá obtener una imagen precisa de lo que ocurre a partir de diversas fuentes, como los padres o tutores, otras personas cercanas al niño o adolescente, informes escolares y evaluaciones médicas o psiquiátricas previas.

Tratamiento

El tratamiento de los pensamientos y comportamientos suicidas depende de su situación específica, incluyendo su nivel de riesgo de suicidio y qué problemas subyacentes pueden estar causando sus pensamientos o comportamientos suicidas.

Emergencias

Si has intentado suicidarte y estás herido:

- Llame al 911 o a su número local de emergencias.

- Haz que otra persona llame si no estás solo.

Si no estás herido, pero corres el riesgo inmediato de hacerte daño:

- Llame al 911 o a su número local de emergencias.

- Llama a un número de teléfono de ayuda al suicidio.

En la sala de urgencias, te tratarán por cualquier lesión. El médico te hará preguntas y puede examinarte, buscando signos recientes o pasados de intento de suicidio.

Dependiendo de tu estado de ánimo, es posible que necesites medicamentos para calmarte o para aliviar los síntomas de una enfermedad mental subyacente, como la depresión.

Es posible que su médico quiera que permanezca en el hospital el tiempo suficiente para asegurarse de que los tratamientos están funcionando, de que estará seguro cuando salga y de que recibirá el tratamiento de seguimiento que necesita.

Situaciones no urgentes

Si tiene pensamientos suicidas, pero no está en una situación de crisis, puede necesitar un tratamiento ambulatorio. Este tratamiento puede incluir:

• **Psicoterapia.** En la psicoterapia, también llamada asesoramiento psicológico o terapia de conversación, usted explora los problemas que le hacen sentirse suicida y aprende habilidades para ayudar a manejar las emociones de manera más eficaz. Usted y su terapeuta pueden trabajar juntos para desarrollar un plan de tratamiento y objetivos.

• **Medicamentos.** Los antidepresivos, los antipsicóticos, los ansiolíticos y otros medicamentos para enfermedades mentales pueden ayudar a reducir los síntomas, lo que puede ayudar a sentirse menos suicida.

• **Tratamiento de la adicción.** El tratamiento de la adicción a las drogas o al alcohol puede incluir desintoxicación, programas de tratamiento de la adicción y reuniones de grupos de autoayuda.

• **Apoyo y educación de la familia.** Tus seres queridos pueden ser tanto una fuente de apoyo como de conflicto. Involucrarlos en el tratamiento puede ayudarles a entender lo que estás pasando, darles mejores habilidades de afrontamiento y mejorar la comunicación y las relaciones familiares.

Ayudar a un ser querido

Si tienes un ser querido que ha intentado suicidarse, o si crees que tu ser querido puede estar en peligro de hacerlo, busca ayuda de emergencia. No dejes a la persona sola.

Si tiene un ser querido que cree que puede estar considerando el suicidio, tenga una conversación abierta y honesta sobre sus preocupaciones. Es posible que no pueda obligar a alguien a buscar atención profesional, pero puede ofrecerle ánimo y apoyo. También puede ayudar a su ser querido a encontrar un médico o profesional de la salud mental cualificado y a concertar una cita. Incluso puede ofrecerse a acompañarle.

. . .

Apoyar a un ser querido con tendencias suicidas crónicas puede ser estresante y agotador. Puede tener miedo y sentirse culpable e impotente.

Aprovecha los recursos sobre el suicidio y su prevención para tener información y herramientas para actuar cuando sea necesario. Además, cuídate a ti mismo buscando el apoyo de familiares, amigos, organizaciones y profesionales.

Estilo de vida y remedios caseros

No hay nada que sustituya a la ayuda profesional cuando se trata de tratar la ideación suicida y prevenir el suicidio. Sin embargo, hay algunas cosas que pueden reducir el riesgo de suicidio:

• **Evita las drogas y el alcohol.** El alcohol y las drogas recreativas pueden empeorar los pensamientos suicidas. También pueden hacer que te sientas menos inhibido, lo que significa que es más probable que actúes según tus pensamientos.

• **Forme una sólida red de apoyo.** Esto puede incluir a la familia, los amigos o los miembros de su iglesia, sinagoga u otro lugar de culto. Se ha demostrado que la práctica religiosa ayuda a reducir el riesgo de suicidio.

. . .

- **Actívate.** Se ha demostrado que la actividad física y el ejercicio reducen los síntomas de la depresión. Considere la posibilidad de caminar, hacer footing, nadar, trabajar en el jardín o realizar otra forma de actividad física que le guste.

Ayuda y apoyo

No intentes manejar los pensamientos o el comportamiento suicida por tu cuenta. Necesitas ayuda y apoyo profesional para superar los problemas relacionados con los pensamientos suicidas. Además:

- **Acude a tus citas.** No te saltes las sesiones de terapia o las citas con el médico, aunque no quieras ir o no sientas que lo necesitas.

- **Tome los medicamentos según las indicaciones.** Aunque te sientas bien, no te saltes la medicación. Si dejas de tomarlos, tus sentimientos suicidas pueden volver a aparecer.

También podrías experimentar síntomas similares a los de la abstinencia si dejas de tomar un antidepresivo u otro medicamento.

- **Conozca su enfermedad.** Aprender sobre su enfermedad puede darle fuerza y motivarle a seguir su plan de tratamiento.

Si tienes depresión, por ejemplo, infórmate sobre sus causas y tratamientos.

• **Presta atención a las señales de advertencia.** Trabaja con tu médico o terapeuta para saber qué puede desencadenar tus sentimientos suicidas.

Aprenda a detectar las señales de peligro con antelación y decida qué medidas tomar antes de tiempo. Ponte en contacto con tu médico o terapeuta si notas algún cambio en tus sentimientos. Considera la posibilidad de involucrar a los miembros de la familia o a los amigos para que estén atentos a las señales de advertencia.

• **Haz un plan para saber qué hacer si vuelven los pensamientos suicidas.** Es posible que quieras llegar a un acuerdo por escrito con un proveedor de salud mental o con un ser querido para que te ayude a anticiparte a los pasos que debes dar cuando no tengas el mejor juicio. Expresar claramente tu intención suicida con tu terapeuta permite anticiparla y abordarla.

• **Elimine los posibles medios para suicidarse.** Si crees que puedes actuar por pensamientos suicidas, deshazte inmediatamente de cualquier medio potencial para matarte, como armas de fuego, cuchillos o medicamentos peligrosos. Si tomas medicamentos con potencial de sobredosis, pídele a un familiar o amigo que te dé los medicamentos tal y como te los han recetado.

- **Busca ayuda en un grupo de apoyo.** Hay una serie de organizaciones que te ayudarán a enfrentarte a los pensamientos suicidas y a reconocer que hay muchas opciones en tu vida aparte del suicidio.

Preparación de su cita

Cuando llames a tu médico de cabecera para concertar una cita, es posible que te remita inmediatamente a un psiquiatra. Si estás en peligro de suicidarte, tu médico puede hacer que recibas ayuda de urgencia en el hospital.

Lo que puedes hacer

Tome estas medidas antes de su cita:

- **Haz una lista de la información personal clave,** incluyendo cualquier estrés importante o cambio reciente en la vida.

- **Haz una lista de todos los medicamentos,** vitaminas y otros suplementos que estés tomando, y las dosis. Sé sincero con tu médico sobre tu consumo de alcohol y drogas.

- Si es posible, **pida a un familiar o amigo que acuda a**

la cita: alguien que le acompañe puede recordar algo que se le haya pasado por alto u olvidado.

- **Haga una lista de preguntas** para su médico.

Algunas preguntas básicas que debe hacer a su médico son:

- ¿Podrían mis pensamientos suicidas estar relacionados con un problema de salud mental o física subyacente?
  - ¿Necesitaré alguna prueba para detectar posibles enfermedades subyacentes?

- ¿Necesito algún tipo de tratamiento inmediato? ¿En qué consiste?

- ¿Cuáles son las alternativas al planteamiento que propones?

- Tengo estos otros problemas de salud mental o física. ¿Cuál es la mejor manera de gestionarlos juntos?

- ¿Hay algo que pueda hacer para estar seguro y sentirme mejor?

- ¿Debo ir al psiquiatra?

. . .

- ¿Existe una alternativa genérica al medicamento que me está recetando?

- ¿Hay folletos u otro material impreso que pueda tener? ¿Qué sitios web recomiendan?

No dude en hacer más preguntas.

Qué esperar de su médico

Es probable que su médico le haga una serie de preguntas, como por ejemplo:

- ¿Cuándo empezaste a tener pensamientos suicidas?

- ¿Sus pensamientos suicidas han sido continuos u ocasionales?

- ¿Has intentado alguna vez quitarte la vida?

- ¿Tienes un plan para suicidarte?

- Si tiene un plan, ¿implica un método, un lugar o un tiempo específicos?

. . .

- ¿Has hecho algún preparativo, como reunir pastillas o escribir notas de suicidio?

- ¿Sientes que puedes controlar tus impulsos cuando tienes ganas de matar o hacerte daño?

- ¿Tienes amigos o familiares con los que puedas hablar o pedir ayuda?

- ¿Bebes alcohol, y si es así, cuánto y con qué frecuencia?

- ¿Qué medicamentos toma?

- ¿Consumes drogas recreativas?

- ¿Qué es lo que te ayuda, si es que hay algo, a lidiar con tus pensamientos suicidas?

- ¿Qué es lo que parece empeorar tus pensamientos suicidas?

- ¿Cuáles son sus sentimientos sobre el futuro? ¿Tiene alguna esperanza de que las cosas mejoren?

. . .

Prepararse y anticiparse a las preguntas le ayudará a aprovechar al máximo su tiempo con el médico.

Lo que puede hacer mientras tanto

Si has concertado una cita y no puedes ver a tu médico inmediatamente, asegúrate de estar a salvo. Ponte en contacto con familiares, amigos u otras personas de confianza para que te ayuden. Si crees que estás en peligro de hacerte daño o de intentar suicidarte, llama inmediatamente a tu servicio local de ayuda de emergencia.

5

Qué hacer cuando alguien tiene tendencias suicidas

Cuando alguien que conoces parece tener tendencias suicidas, es posible que no sepas qué hacer. Conozca las señales de advertencia, qué preguntas hacer y cómo obtener ayuda.

Cuando alguien dice que está pensando en el suicidio, o dice cosas que suenan como si la persona estuviera considerando el suicidio, puede ser muy perturbador. Es posible que no sepas qué hacer para ayudar, si debes tomar en serio las conversaciones sobre el suicidio o si tu intervención puede empeorar la situación. Actuar es siempre la mejor opción. Esto es lo que hay que hacer.

Empiece por hacer preguntas

El primer paso es averiguar si la persona está en peligro de actuar por sus sentimientos suicidas. Sea sensible, pero haga preguntas directas, como:

- ¿Cómo estás afrontando lo que está ocurriendo en tu vida?

- ¿Alguna vez has tenido ganas de rendirte?

- ¿Estás pensando en morir?

- ¿Estás pensando en hacerte daño?

- ¿Estás pensando en el suicidio?

- ¿Has pensado alguna vez en el suicidio o has intentado hacerte daño antes?

- ¿Ha pensado en cómo o cuándo lo haría?

- ¿Tienes acceso a armas o cosas que puedan usarse como armas para hacerte daño?

Preguntar sobre los pensamientos o sentimientos suicidas no empujará a nadie a hacer algo autodestructivo. De hecho, ofrecer una oportunidad para hablar de los sentimientos puede reducir el riesgo de actuar sobre los sentimientos suicidas.

. . .

Busque señales de advertencia

No siempre se puede saber cuándo un ser querido o un amigo está considerando el suicidio. Pero aquí hay algunas señales comunes:

• Hablar de suicidio: por ejemplo, hacer afirmaciones como "me voy a suicidar", "ojalá estuviera muerto" o "ojalá no hubiera nacido"

• Conseguir los medios para quitarse la vida, como comprar un arma o almacenar pastillas

• Retirarse del contacto social y querer estar solo

• Tener cambios de humor, como estar emocionalmente alto un día y profundamente desanimado al siguiente

Estar preocupado por la muerte, los moribundos o la violencia

Sentirse atrapado o desesperado por una situación

Aumento del consumo de alcohol o drogas

Cambiar la rutina normal, incluyendo los patrones de alimentación o de sueño

- Hacer cosas arriesgadas o autodestructivas, como consumir drogas o conducir de forma temeraria
- Regalar pertenencias o poner en orden los asuntos cuando no hay otra explicación lógica para hacerlo
- Despedirse de la gente como si no se fuera a ver más
- Desarrollar cambios de personalidad o estar muy ansioso o agitado, especialmente cuando se experimentan algunos de los signos de advertencia mencionados anteriormente

Para ayuda inmediata

Si alguien ha intentado suicidarse:

- No dejes a la persona sola.
- Llame inmediatamente al 911 o al número local de emergencias. O, si cree que puede hacerlo con seguridad, lleve usted mismo a la persona a la sala de urgencias del hospital más cercano.
- Intenta averiguar si está bajo los efectos del alcohol o las drogas o si ha tomado una sobredosis.
- Cuéntale a un familiar o amigo de inmediato lo que está pasando.

Si un amigo o un ser querido habla o se comporta de una manera que le hace creer que podría intentar suicidarse, no intente manejar la situación solo:

Consiga ayuda de un profesional capacitado lo antes posible. Es posible que la persona deba ser hospitalizada hasta que la crisis suicida haya pasado.

Anima a la persona a llamar a un número de teléfono de ayuda al suicidio.

Adolescentes: Cuando alguien que conoces es suicida

Si eres un adolescente al que le preocupa que un amigo o compañero de clase pueda estar considerando el suicidio, actúa.

Pregunte a la persona directamente sobre sus sentimientos, aunque pueda resultar incómodo. Escuche lo que la persona tiene que decir y tómelo en serio. El mero hecho de hablar con alguien que se preocupa de verdad puede suponer una gran diferencia.

Si has hablado con la persona y sigues preocupado, comparte tus preocupaciones con un profesor, un orientador, alguien de la iglesia, alguien de un centro juvenil local u otro adulto responsable.

. . .

Puede ser difícil saber si un amigo o compañero de clase es suicida, y puedes tener miedo de actuar y equivocarte. Si el comportamiento o la conversación de alguien te hace pensar que podría ser suicida, es posible que la persona esté luchando con algunos problemas importantes, incluso si no está considerando el suicidio en este momento. Puedes ayudar a la persona a llegar a los recursos adecuados.

Ofrecer apoyo

Si un amigo o un ser querido está pensando en el suicidio, necesita ayuda profesional, incluso si el suicidio no es un peligro inmediato. Esto es lo que puedes hacer.

Anime a la persona a buscar tratamiento. Una persona suicida o gravemente deprimida puede no tener la energía o la motivación para buscar ayuda. Si la persona no quiere consultar a un médico o a un profesional de la salud mental, sugiérele que busque ayuda en un grupo de apoyo, un centro de crisis, una comunidad religiosa, un profesor u otra persona de confianza. Puedes ofrecer apoyo y consejo, pero recuerda que no es tu trabajo sustituir a un profesional de la salud mental.

Ofrézcase a ayudar a la persona a dar los pasos necesarios para obtener asistencia y apoyo. Por ejemplo, puedes buscar opciones de tratamiento, hacer llamadas telefónicas y revisar la información sobre las prestaciones del seguro, o incluso ofrecerte a acompañar a la persona a una cita.

Anima a la persona a comunicarse contigo. Una persona con tendencias suicidas puede tener la tentación de reprimir sus sentimientos porque se siente avergonzada o culpable. Sé comprensivo y apoya, y expresa tus opiniones sin culpar a nadie. Escucha con atención y evita interrumpir.

Sé respetuoso y reconoce los sentimientos de la persona. No intentes disuadir a la persona de sus sentimientos ni expreses tu sorpresa. Recuerda que, aunque alguien con tendencias suicidas no piense de forma lógica, las emociones son reales. No respetar los sentimientos de la persona puede cortar la comunicación.

No seas condescendiente ni juzgues. Por ejemplo, no le digas a alguien: "Las cosas podrían ser peores" o "Lo tienes todo para vivir". En su lugar, haz preguntas como: "¿Qué es lo que te hace sentir tan mal?". "¿Qué te haría sentir mejor?" o "¿Cómo puedo ayudar?".

Nunca prometas mantener en secreto los sentimientos suicidas de alguien. Sé comprensivo, pero explícale que tal vez no puedas mantener esa promesa si crees que la vida de la persona está en peligro. En ese momento, tienes que buscar ayuda.

Ofrezca la seguridad de que las cosas pueden mejorar. Cuando alguien tiene tendencias suicidas, parece que nada va a mejorar las cosas. Asegure a la persona que, con el tratamiento adecuado, puede desarrollar otras formas de enfrentarse a la situación y puede volver a sentirse mejor en la vida.

Anima a la persona a evitar el consumo de alcohol y drogas. El consumo de drogas o alcohol puede parecer que alivia los sentimientos dolorosos, pero a la larga empeora las cosas: puede llevar a un comportamiento imprudente o a sentirse más deprimido. Si la persona no puede dejarlo por sí misma, ofrézcale ayuda para encontrar un tratamiento.

Si es posible, retira los objetos potencialmente peligrosos de la casa de la persona. Si puede, asegúrese de que la persona no tiene objetos que puedan utilizarse para el suicidio, como cuchillos, navajas, pistolas o drogas. Si la persona toma una medicación que podría usarse para una sobredosis, anímala a que alguien la guarde y se la administre según lo prescrito.

Tomar en serio todos los signos de comportamiento suicida

Si alguien dice que está pensando en suicidarse o se comporta de una manera que le hace pensar que la persona puede ser suicida, no le reste importancia ni ignore la situación. Muchas personas que se suicidan han expresado su intención en algún momento.

Puede que te preocupe estar exagerando, pero la seguridad de tu amigo o ser querido es lo más importante. No te preocupes por tensar tu relación cuando la vida de alguien está en juego.

Usted no es responsable de evitar que alguien se quite la vida, pero su intervención puede ayudar a la persona a ver que existen otras opciones para mantenerse a salvo y recibir tratamiento.

6

Atender la seguridad inmediata

Los criterios de hospitalización pueden variar según la zona geográfica y el hospital, pero, en general, para justificar la hospitalización por riesgo de suicidio, la persona debe tener un riesgo alto o inminente de actuar con pensamientos suicidas en un futuro próximo. Las situaciones más comunes son:

- Una persona tiene un plan específico para morir por suicidio, los medios para hacerlo y la intención de llevar a cabo el plan muy pronto.
- La persona ha hecho un intento de suicidio muy recientemente, se arrepiente de haber sobrevivido y tiene la intención de hacer otro intento la próxima vez que no haya nadie cerca.

Las alucinaciones de mando ordenan a la persona que se suicide, y la persona experimenta estas alucinaciones como instrucciones reales y significativas que debe seguir en lugar de un síntoma que debe observar y tratar. Muchas otras circunstancias exigen la hospitalización, y es imposible preverlas todas.

. . .

Por ejemplo, los criterios de admisión a veces son más laxos para los niños y adolescentes suicidas, cuyo comportamiento es impulsivo e imprevisible.

La hospitalización no es en absoluto una cura. En promedio, las personas permanecen en un hospital psiquiátrico no más de 5 a 7 días. Salvo en el caso de los hospitales de larga duración o de los centros de tratamiento residencial, los objetivos principales de la atención hospitalaria son la seguridad y la estabilización de la crisis, no el tratamiento ni la recuperación. No hay pruebas de que la hospitalización realmente salve vidas, pero las obligaciones profesionales, éticas y, en algunos casos, legales de preservar la seguridad de la persona obligan a los profesionales a aprovechar el mayor nivel de protección que suele proporcionar una estancia en un hospital.

En el mejor de los casos, si la hospitalización está realmente justificada, la persona suicida estará de acuerdo. De lo contrario, es posible que tenga que recurrir a la hospitalización involuntaria. Evite la hospitalización involuntaria siempre que sea posible. Obligar a las personas a recibir atención hospitalaria las priva de sus libertades civiles, perturba sus vidas y está cargado de posibles efectos negativos. También puede dañar la alianza terapéutica sin remedio y cerrar la puerta a que una persona suicida busque ayuda en el futuro. Sólo se debe recurrir a la hospitalización involuntaria después de haber analizado cuidadosamente si los beneficios superan los riesgos considerables. Si el tiempo lo permite, se aconseja la consulta.

. . .

Una vez que haya determinado que la hospitalización está indicada, asegúrese de facilitar el proceso.

Si es posible, no deje que la persona salga sola de su consulta. Incluso si los familiares quieren llevar a la persona al hospital, recomiende una ambulancia. Hay demasiadas oportunidades para que la persona suicida huya, incluso para que haga un intento de suicidio, entre su oficina y el hospital. Si la persona rechaza su recomendación y se va, notifique a la policía y al contacto de emergencia de la persona. En las emergencias médicas, puede revelar información confidencial sin el permiso de la persona, pero sólo lo necesario para ayudar a mantenerla a salvo. Si un niño o un adolescente está en grave peligro de suicidio y los padres rechazan la idea de la hospitalización, es posible que tengas que notificar a los servicios de protección de menores la sospecha de negligencia infantil, dependiendo de las leyes de tu jurisdicción.

Antes de que la persona suicida llegue al hospital, usted debe llamar y dar a un trabajador social, a una enfermera o a otro personal apropiado información detallada sobre el riesgo de suicidio de la persona. Su informe al personal del hospital es esencial, porque la persona podría no hacer las mismas revelaciones al personal del hospital que hizo a usted. Si el hospital admite a la persona para su atención como paciente interno, usted debe coordinarse con el personal del hospital para ayudar a garantizar la continuidad de la atención. También se recomienda mantenerse en contacto con la familia de la persona, si ésta lo consiente.

Una vez que se produzca el alta, intente ver a la persona en un plazo de 24-48 horas. El período inmediatamente posterior a la hospitalización es peligroso para muchas personas con tendencias suicidas.

Un estudio reveló que las mujeres tenían 246 veces más probabilidades que la media -y los hombres 102 veces más- de morir por suicidio en la primera semana tras el alta. Según el estudio, las probabilidades de suicidio siguen siendo notablemente altas durante al menos un mes después del alta de un hospital psiquiátrico, y cierto grado de riesgo mayor persiste durante al menos un año.

Para hacer frente al mayor riesgo tras la hospitalización psiquiátrica, hay que aumentar la frecuencia de sesiones, controles entre sesiones, o ambos. Considere la posibilidad de explorar los recursos de apoyo de la comunidad, como los programas de hospitalización parcial o ambulatoria intensiva, como una "reducción" más gradual de la estancia en el hospital como paciente interno. Revise con la persona cualquier plan de seguridad desarrollado en el hospital. Explore con la persona cómo le ayudó la hospitalización, con el fin de aprovechar los logros. También analice cómo la hospitalización no ayudó o incluso perjudicó a la persona. Por último, hable con la persona sobre cómo afrontar posibles contratiempos en los días, semanas y meses posteriores a la hospitalización.

Tener una conversación con alguien que te preocupa

Puede ser aterrador y angustiante cuando alguien que te importa quiere hacerse daño. Es importante recordar que no es necesario ser un médico o una enfermera para registrarse con alguien que le preocupa. Si una persona que conoces parece estar luchando, llegar y conectarte con ella podría salvarle la vida.

¿Cuándo debo preguntar?

Elija un momento y un lugar donde pueda hablar abierta y fácilmente, sin ser interrumpido. Es importante que no tenga que estar en ningún lugar ni tener otros compromisos; puede llevar mucho tiempo tener esta conversación y su amigo o ser querido necesita sentir que tiene tiempo para escuchar.

Idealmente, su amigo o ser querido necesita estar tranquilo para poder tener esta conversación.

También necesitas estar tranquilo para poder tener esta conversación. Asegúrese de que el momento sea adecuado para usted también.

Algunas sugerencias para ubicaciones:

1. En su lugar: es más fácil hablar con alguien cuando se siente cómodo en su propio entorno.
2. Hacer algo que disfruten juntos: a veces es más fácil hablar con alguien cuando están haciendo algo como ver mala televisión, cocinar la cena o jugar a las cartas o los videojuegos.

3. Salga a caminar: puede pasear hasta una cafetería, dar un paseo por el parque o a lo largo de una playa o río. Incluso un paseo alrededor de la cuadra.
4. Vaya a dar un paseo: hablar lado a lado es una gran táctica, puede quitar algo de la intensidad de una conversación cara a cara.

¿Qué pasa si estamos en línea?

Si alguien publica un comentario en una página de redes sociales o en un foro en línea que hace que parezca que está pensando en el suicidio, comuníquese con ellos directamente, envíeles un mensaje privado. Todavía está bien hablar en línea, pero no en un foro público.

#YouCanTalk

Si te preocupa que alguien te pregunte si está pensando en el suicidio, no "pondrá ideas en su cabeza". Su amigo o ser querido probablemente se sentirá aliviado al ser escuchado y comprendido.

Iniciadores de conversación

A continuación, se presentan algunos iniciadores de conversación sugeridos.

- ¿Cómo estás? Prepárate para 'bien' o 'buenas gracias' y haz un seguimiento con: ¿Cómo estás realmente?
- No pareces tú mismo. Hacerle saber a tu amigo o ser querido que has notado algo diferente en ellos muestra que te importa. Es importante hacerles saber que estás preocupado por ellos, no molesto con ellos por comportarte de manera diferente.
- He tenido una semana terrible, ¿cómo ha sido la tuya? A veces es bueno romper el hielo con el hecho de que la vida no siempre es genial, y demostrar que entiendes. Compartir algunas de las cosas con las que está luchando puede ayudar a iniciar la conversación. Sin embargo, ten cuidado de no hacerlo todo sobre ti.
- ¿Está todo bien en casa/trabajo/uni? Hacer que la pregunta sea específica puede hacer que la conversación comience, pero recuerde que puede que no sea una cosa. Puede ser una combinación de muchas cosas, o tal vez nada en particular, solo un sentimiento general.

Qué decir

1. Haga la pregunta directa. ¿Tienes pensamientos sobre el suicidio? Prepárese para que la persona pueda responder "sí". Luego escucha con empatía y sin juicio.
2. Sigue haciendo preguntas abiertas, alentando la

conversación. ¿Cuánto tiempo llevas sintiéndote así? ¿Te has sentido así antes?
3. Asegúrate de que la persona sepa que estás aquí para ellos. Use señales no verbales como contacto visual, mano en mano, asintiendo mientras hablan.
4. Hágale saber a la persona que muchas personas piensan en el suicidio y que está bien hablar sobre esos sentimientos. No estás solo, mucha gente se siente así. Gracias por decírmelo. Me alegro de que me digas cómo te sientes.
5. Trate de ofrecer esperanza y sugiera que las personas puedan encontrar maneras de superar los tiempos difíciles. Estoy aquí, podemos encontrar una manera de superar esto.
6. Asegúrele a su amigo o ser querido que está aquí para escucharlo y apoyarlo y que no necesita salir corriendo. Solo tómate tu tiempo, no hay prisa. Sé que hablar de esto puede ser difícil. Estoy aquí para escuchar. Puedes decirme cualquier cosa.
7. Prepárate para escuchar, incluso si es difícil de escuchar, incluso si te molesta.
8. Averigüe si han hecho un plan. Esto es importante. Las personas que han hecho un plan corren más riesgo. ¿Has pensado en cómo te suicidarías? ¿Has pensado en cuándo te suicidarías? ¿Ha tomado alguna medida para obtener las cosas que necesitaría para llevar a cabo su plan?

Utilizar la terminología adecuada

1. Murió por suicidio

2. Suicidado
3. Terminó con su vida
4. Se quitó la vida
5. Intento de poner fin a su vida

Qué no decir

1. No trates de convencerlos de que no se suiciden recordándoles 'lo que tienen a su favor' o cuánto lastimaría a sus amigos y familiares.
2. No intentes solucionar sus problemas. Escucha con empatía y sin juicio.
3. No lo menosprecies asumiendo que "sólo están intentando llamar la atención". Tómalos en serio y reconoce las razones por las que quieren morir.

Evite la terminología estigmatizante

1. Suicidio comprometido
2. Suicidio exitoso
3. Suicidio consumado
4. Intento fallido de suicidio
5. Suicidio infructuoso

Prepárate

Es posible que la conversación que ha iniciado tome un giro inesperado y que la persona que le preocupa se ponga a la defensiva sobre cómo se siente. Estar preparado para respuestas buenas y malas puede hacer que se sienta más cómodo.

¿Qué pasa si niegan que hay un problema o no quieren hablar?

Es posible que su amigo o ser querido no esté listo para hablar en este momento. No quieres que se sientan presionados y es su elección personal hablar de ello o no.

1. Dígales que está aquí para hablar si alguna vez lo necesitan. Hágales saber que usted está disponible y que usted es alguien a quien pueden recurrir si lo necesitan.
2. Establezca un tiempo para hacer algo juntos. Haz un compromiso firme durante un tiempo determinado (no lo dejes demasiado tiempo): vamos a ver una película el viernes.
3. Sigue buscando oportunidades para tener una conversación con tu amigo o ser querido. Puede que no sea el momento adecuado, pero eso no significa que no habrá un momento adecuado. Sigue registrándote.
4. Sugiera que pueda haber alguien más con quien su amigo o ser querido pueda hablar. Es posible que quieran hablar con otra persona cercana a ellos o con una línea de ayuda confidencial, su médico de cabecera o un consejero.

¿Qué pasa si no quieren ver a un profesional?

Puede tomar tiempo para que las personas se sientan listas para hablar con alguien, y es posible que nunca quieran hacerlo.

1. Asegúrele a su amigo o ser querido que no está solo
2. Hágales saber que hay muchas maneras de acceder al soporte, incluidas las opciones en línea y de autoayuda.
3. Hágales saber que el soporte profesional está disponible si lo desean
4. No condiciones tu apoyo a que vean a un profesional.

Haga un plan de seguridad con ellos

Puede hacer un plan de seguridad escribiéndolo todo en un pedazo de papel y asegurarse de que lo guarden con ellos.

Pregúnteles:

1. ¿Cuáles son sus señales de advertencia (¿cuáles son los pensamientos, sentimientos y comportamientos que lo desencadenan?)
2. Dime tus razones para vivir (¿qué es importante, hace que la vida valga la pena ser vivida)?

3. ¿Cómo puede hacer que su entorno sea seguro (por ejemplo, deshacerse de las píldoras)?
4. ¿Qué puede hacer usted mismo (actividades que lo distraigan, por ejemplo, caminar afuera, jardinería, tomar una ducha)?
5. ¿Cómo puede conectarse con otras personas y lugares (enumere a las personas con las que puede pasar tiempo / lugares sociales a los que ir)?
6. ¿Con qué amigos y familiares puedes hablar?
7. Asegúrese de enumerar algunos apoyos profesionales también, por ejemplo, el servicio de atención de llamada de suicidio.

Si crees que están bien por ahora

1. Hable con su amigo o ser querido sobre el apoyo que tiene actualmente. Si no tienen mucho, explore algunas opciones. ¿Hablarías con tu médico de cabecera? ¿Considerarías un consejero? ¿Podríamos conectarnos y ver qué información podemos encontrar?
2. Si quieren hablar con alguien ahora, es posible que su amigo o ser querido necesite que haga la primera cita o se quede con ellos mientras llaman. O siempre puede llamar a una línea de ayuda para ellos.
3. Asegúrate de que estén a salvo. Algunas opciones para pensar:
4. Quédese con ellos o haga que alguien en quien confíen se quede con ellos hasta que se sientan más seguros.

5. Verifique que puedan mantenerse seguros hasta una hora en particular, por ejemplo: "Te llamaré a las 8 am mañana para registrarte".
6. Asegúrese de que no tengan acceso a nada con lo que puedan lastimarse (por ejemplo, píldoras, armas) y, si lo hacen, deshágase de ellos.

A continuación, ampliaremos el apartado para crear planes de seguridad como medida para prevenir el suicidio.

7

Planes de seguridad para prevenir el suicidio

Mientras que algunas personas que se plantean el suicidio lo hacen de forma fugaz o sólo una vez en su vida, otras experimentan estos pensamientos de forma continua o intermitente a lo largo del tiempo. Los pensamientos suicidas pueden agobiar a las personas y tenerlas como rehenes. Experimentar estos pensamientos es experimentar "la oscuridad absoluta, la desesperanza, el dolor", y nada importa más que detener ese dolor.

Como amigos y cuidadores, podemos sentirnos perdidos para ayudar o apoyar a las personas con estos pensamientos; podemos sentir que llevar a nuestro ser querido a la sala de emergencias es nuestra única opción, que el apoyo médico de crisis es necesario.

Si la persona que está pensando en suicidarse se encuentra en una crisis inmediata, el servicio de urgencias es un nivel de atención adecuado. De lo contrario, la mejor manera de avanzar es elaborar un plan de seguridad conjunto.

Este kit de herramientas le mostrará qué es un plan de seguridad y cómo crear uno junto con una persona que pueda estar considerando el suicidio. Ilustrará cómo funcionan los planes de seguridad y por qué son una de las mejores herramientas para ayudar a mitigar futuros comportamientos suicidas.

Este kit de herramientas es para las personas que desean ayudar a alguien que conocen y que está luchando con pensamientos suicidas. Si tú mismo estás luchando con pensamientos suicidas, contacta con tu centro de crisis local para obtener apoyo.

Un plan de seguridad también se puede utilizar para apoyar y guiar a una persona que se autolesiona, sin embargo, en este kit de herramientas nos centramos en las personas con pensamientos suicidas.

¿Qué es un plan de seguridad?

Un plan de seguridad es un documento que apoya y orienta a alguien cuando tiene pensamientos suicidas, para ayudarle a evitar un estado de crisis suicida intensa. Cualquier persona que tenga una relación de confianza con la persona que está pensando en suicidarse puede ayudar a redactar el plan; no es necesario que sea un profesional.

Al desarrollar el plan, la persona que experimenta pensamientos suicidas identifica:

- Sus señales de alarma personales,
- Estrategias de afrontamiento que les han funcionado en el pasado, y/o estrategias que creen que pueden funcionar en el futuro,
- Personas que son fuentes de apoyo en sus vidas (amigos, familia, profesionales, apoyos en caso de crisis),
- Cómo se pueden eliminar los medios de suicidio de su entorno, y
- Sus razones personales para vivir, o lo que les ha ayudado a seguir vivos.

Una crisis suicida se refiere a "un intento de suicidio o un incidente en el que una persona emocionalmente perturbada considera seriamente o planea intentar quitarse la vida de forma inminente", según el Centro de Recursos para la Prevención del Suicidio.

¿Cuándo se redacta un plan de seguridad?

Un plan de seguridad se escribe cuando una persona no está experimentando pensamientos suicidas intensos. Puede escribirse después de una crisis suicida, pero no durante, ya que en este momento la persona puede verse abrumada por los pensamientos suicidas y la confusión y puede no ser capaz de pensar con claridad. Un plan de seguridad se escribe cuando una persona tiene esperanza de vida, o incluso puede considerar la posibilidad de vivir, de modo que pueda identificar sus razones para vivir, y las acciones positivas que puede tomar para evitar que sus pensamientos se vuelvan intensos y abrumadores.

. . .

Un plan de seguridad puede ser desarrollado en una sola sesión por la persona con pensamientos suicidas junto con usted, su cuidador o amigo, o a lo largo del tiempo. El plan puede cambiar a medida que cambian las circunstancias de la persona y puede revisarse en consecuencia.

¿Por qué funciona?

Un plan de seguridad es un enfoque basado en los activos diseñado para centrarse en los puntos fuertes de una persona. Se identifican y enfatizan sus habilidades únicas para que puedan recurrir a ellas cuando sus pensamientos suicidas se vuelvan intensos. El objetivo es aprovechar sus puntos fuertes durante los procesos posteriores de recuperación y curación. Los recursos personales son otro componente integral del plan de seguridad. Aprovechar los puntos fuertes es la actividad inicial; también puede ser necesario pedir ayuda.

El plan de seguridad está organizado por etapas. Comienza con estrategias que la persona puede poner en práctica por sí misma en casa y termina con números de contacto de emergencia 24/7 que pueden utilizarse cuando hay un peligro inminente o una crisis.

La persona con pensamientos suicidas puede verificar, junto con su cuidador o amigo, si las habilidades de afrontamiento son factibles, así como si las personas de contacto elegidas son adecuadas.

. . .

Cuando se ponen en práctica, los planes de seguridad se convierten en autofortalecimiento. Para las personas que experimentan pensamientos o crisis suicidas recurrentes, una de las fortalezas es saber que han capeado la tormenta antes y han navegado para salir de ella.

Plan de seguridad contra el suicidio

Puede encontrar en Internet un modelo de plan de seguridad completo.

Paso 1: Enumerar las señales de advertencia que indican que se puede estar desarrollando una crisis suicida

Pregunta(s) orientadora(s) para la persona que piensa en el suicidio

¿Qué (situaciones, pensamientos, sentimientos, sensaciones corporales o comportamientos) experimentas que te permiten saber que estás en camino de pensar en el suicidio, o que te permiten saber que no estás bien mentalmente en general? Piensa en algunas de las señales más sutiles.

Ejemplos

. . .

Situación: *discusión con un ser querido*
    Pensamientos: "Estoy harto *de esto y no puedo más* "

Sensaciones corporales: *Ganas de beber alcohol*

Comportamientos: *Ver películas violentas, horario irregular de comidas*

¿Cuándo ponerlo en práctica?

En cualquier momento antes de una crisis suicida.

¿Cómo aplicarlo?

Ser consciente de las propias señales de alarma puede alertar a la persona de que puede estar en alto riesgo de pensar en el suicidio cuando surgen estas situaciones/pensamientos/sensaciones corporales. Pueden poner en marcha el plan y pasar al siguiente paso: estrategias de afrontamiento.

Ser consciente de las señales de advertencia personales puede ayudar a los amigos/cuidadores a identificar cuándo esa persona puede necesitar más apoyo, incluso antes de que lo haya pedido.

. . .

Paso 2: Enumerar las estrategias de afrontamiento que se pueden utilizar para desviar los pensamientos, incluidos los pensamientos suicidas.

Pregunta(s) orientadora(s) para la persona que piensa en el suicidio

¿Qué (actividad de distracción, técnica de relajación o calmante, actividad física) le ayuda a alejar su mente de los patrones de pensamiento que le resultan aterradores o incómodos, o de los pensamientos suicidas?

Ejemplos

Actividad de distracción: *Ver una película divertida* Técnica de relajación: *Respiración deliberada* Actividad física: *Dar un paseo en bicicleta*

¿Cuándo ponerlo en práctica?

En cualquier momento antes de una crisis suicida, o cuando los pensamientos suicidas surgen pero no son intensos.

¿Cómo aplicarlo?

. . .

La persona con pensamientos suicidas puede utilizar estas estrategias de afrontamiento para ayudar a distraerla de sus pensamientos y llevarla a un espacio mental más positivo.

Los amigos/cuidadores pueden sugerir a la persona que utilice una o varias de sus estrategias de afrontamiento y apoyarla si lo necesita.

Paso 3: Enumerar los lugares y las personas que pueden servir de distracción de los pensamientos suicidas.

Pregunta(s) orientadora(s) para la persona que piensa en el suicidio

¿Dónde puedes ir para sentirte con los pies en la tierra, donde tu mente pueda alejarse de los pensamientos de suicidio?

¿Quién te ayuda a alejar tu mente de estos pensamientos?

Ejemplos

Lugares: *Ir al cine, sentarse en un parque* Personas: *Enviar un mensaje de texto a un amigo (nombre, teléfono), ir a tomar un café con un compañero de trabajo (nombre, teléfono)*

. . .

¿Cuándo ponerlo en práctica?

En cualquier momento antes de una crisis suicida, o cuando los pensamientos suicidas surgen pero no son intensos.

¿Cómo aplicarlo?

La persona con pensamientos de suicidio puede ir a estos lugares o contactar con estas personas para que le ayuden a distraerse de sus pensamientos de suicidio y pasar a un espacio mental más positivo.

Paso 4: Enumerar todas las personas con las que se puede contactar en caso de crisis, junto con su información de contacto.

Pregunta(s) orientadora(s) para la persona que piensa en el suicidio

¿A quién de tus amigos, familiares y proveedores de servicios puedes llamar cuando necesites ayuda (cuando tus pensamientos se vuelvan abrumadores o estés pensando en el suicidio)?

Ejemplos

. . .

Mamá: teléfono *del trabajo, teléfono móvil* Cónyuge: *teléfono del trabajo, teléfono móvil*

¿Cuándo ponerlo en práctica?

En cualquier momento antes de una crisis suicida, o cuando los pensamientos suicidas surgen y se hacen más intensos.

¿Cómo aplicarlo?

La persona con pensamientos suicidas puede llamar a estas personas en cualquier momento, para distraerse de sus pensamientos o para hacerles saber cuando sus pensamientos se vuelven intensos, lo que indica que necesita apoyo.

Los amigos y cuidadores pueden responder a la persona apoyándola en este momento difícil: escuchándola, yendo a visitarla, asegurándose de comprobarlo a menudo, preguntando qué pueden hacer específicamente para ayudar.

Paso 5: Enumerar los proveedores de servicios de salud mental y el horario en que pueden ser localizados, así como los números de contacto de emergencia 24/7 a los que se puede acceder en caso de crisis.

. . .

Pregunta(s) orientadora(s) para la persona que piensa en el suicidio

¿Quiénes son los profesionales con los que has trabajado que pueden serte útiles en una crisis? ¿A qué otros profesionales u organizaciones podrías llamar?

Ejemplos

Terapeuta: *teléfono del trabajo, teléfono móvil, horario disponible* Hospital más cercano: *Regions Hospital, 640 Jackson Street* Línea de crisis: *1-833-456-4566*

¿Cuándo ponerlo en práctica?

Cuando los pensamientos suicidas se han vuelto muy intensos y la persona que los experimenta cree que no puede afrontarlos por sí misma.

¿Cómo aplicarlo?

La persona con pensamientos suicidas debe llamar inmediatamente o visitar estos contactos de crisis.

Paso 6: Enumerar las medidas que deben tomarse

para eliminar el acceso a los medios de suicidio del entorno.

Pregunta(s) orientadora(s) para la persona que piensa en el suicidio

¿Qué podría utilizarse para morir por suicidio en tu entorno (casa, trabajo)?

¿Cómo has pensado en morir por suicidio antes, y cómo puedes hacer que ese método sea más difícil de acceder?

Ejemplos

Pastillas: *Entregar al farmacéutico o a un amigo para que se deshaga de ellas* Armas (o cuerda): *Sacar de casa (dar a un amigo, etc.)*

¿Cuándo ponerlo en práctica?

Antes de una crisis suicida, preferiblemente inmediatamente después de la elaboración del plan de seguridad.

¿Cómo aplicarlo?

. . .

La persona con pensamientos suicidas puede retirar estos objetos de su entorno por sí misma, dándoselos a sus amigos o cuidadores. La persona que trabaja con ellos en su plan de seguridad debe confirmar que todos los medios han sido retirados del hogar.

Los amigos/cuidadores pueden ofrecerse a guardar o tirar estos objetos. Mantener a una persona a salvo de un método de suicidio puede significar cosas diferentes para cada persona y método. Las armas de fuego, en particular, deben retirarse siempre de la casa, independientemente de que se hayan señalado o no como medio de suicidio.

Paso 7: Enumerar las razones importantes para vivir, o cómo/por qué esa persona sigue viva.

Pregunta(s) orientadora(s) para la persona que piensa en el suicidio

¿Cuándo te sientes más a gusto durante el día? ¿A quién quieres? ¿Qué te gusta hacer? ¿Qué te gustaba hacer antes? ¿Qué es importante para ti, o solía serlo? ¿Qué te ha mantenido vivo hasta ahora?

Nota: Estas razones pueden hacerse evidentes a través de la conversación con la persona, y a través del proceso de una intervención suicida. Es posible que tengas que identificarlas para la persona, basándote en lo que te ha dicho.

. . .

Ejemplos

Mi perro es lo suficientemente importante para mí como para querer seguir vivo para cuidarlo.

¿Cuándo ponerlo en práctica?

En cualquier momento antes o durante una crisis suicida.

¿Cómo aplicarlo?

Una persona con pensamientos suicidas puede referirse a estas razones para vivir en cualquier momento, tan a menudo como quiera, para recordar los aspectos positivos de su vida.

Los amigos/cuidadores pueden utilizar estas razones en la conversación orgánica, para ayudar a recordar suavemente a esa persona sus razones para vivir.

Cómo elaborar conjuntamente un plan de seguridad

La elaboración conjunta de un plan de seguridad implica una conversación colaborativa y profunda entre la persona que experimenta pensamientos suicidas y su cuidador o amigo.

. . .

Repasen juntos cada paso, a fondo y con detenimiento. Puede haber ocasiones en las que, a través de una conversación orgánica o estructurada, identifique posibles elementos del plan de seguridad para la persona: ¡Introdúzcalos en el plan! Por ejemplo, si alguien menciona que necesita llegar a casa para pasar tiempo con su perro, ese es un motivo potencial para vivir.

Puedes sugerir que se añadan las cosas positivas que escuches de esa persona en cualquier momento.

"Antes has hablado de lo mucho que se emociona tu perro al verte cuando llegas a casa. ¿Puedes hablarme un poco más de él?".

Y luego: "Parece que es muy importante para ti. ¿Crees que podríamos añadirlo a tu plan de seguridad como una razón para vivir, o como una razón para que sigas vivo?"

Cómo aplicar un plan de seguridad

Una vez completado, usted y la persona que ha tenido pensamientos suicidas deben guardar copias del plan de seguridad en un lugar accesible. El plan de seguridad debe estar a mano para que la persona pueda encontrarlo siempre que tenga pensamientos intensos de suicidio. Algunas personas optan por llevar el plan siempre consigo, por ejemplo, en su teléfono o en su cartera.

. . .

Cada paso del plan de seguridad desempeña una función de apoyo a la persona con pensamientos suicidas, así como a usted mismo y a otros amigos y cuidadores. Consulte el "Plan de seguridad contra el suicidio" para saber cómo y cuándo aplicar cada paso.

Tenga en cuenta que el plan de seguridad no está escrito en piedra: puede ser revisado tantas veces como sea necesario. El plan puede ser revisado en cualquier momento, y especialmente si la persona que experimenta pensamientos suicidas ha encontrado alguna parte del mismo ineficaz para ayudarle a afrontar sus pensamientos. Por ejemplo, si una persona de contacto resulta difícil de contactar en varias ocasiones, o si una estrategia de afrontamiento deja de ser eficaz o accesible.

¿Es un plan de seguridad lo mismo que un contrato de no suicidio?

Un contrato de no suicidio se diferencia de un plan de seguridad en que es "un acuerdo, por lo general escrito, entre un usuario de servicios de salud mental y un clínico, por el que el usuario del servicio se compromete a no dañarse a sí mismo".

Fue introducido en 1973 por Robert Drye, Robert Goulding y Mary Goulding. Se espera que los usuarios de servicios de salud mental busquen ayuda cuando sientan que ya no pueden cumplir su compromiso con el contrato.

. . .

El contrato de no suicidio ha sido ampliamente utilizado por los clínicos que trabajan con pacientes que consideran el suicidio. Sin embargo, hay una falta de evidencia que apoye los contratos como herramientas clínicamente efectivas. Tanto los usuarios de los servicios como los médicos han expresado una fuerte oposición a su uso. Además, se han identificado importantes cuestiones éticas y conceptuales en el uso de dichos contratos, incluyendo el potencial de coerción por parte del clínico para su propia protección y las implicaciones éticas de restringir las opciones de un usuario del servicio cuando ya puede estar luchando por el control. Por el contrario, un enfoque basado en la fuerza, como un plan de seguridad, no sólo fomenta la aportación y la agencia del usuario del servicio, sino que es una verdadera asociación con el médico o el cuidador, vinculada a la esperanza.

8

Crianza de los hijos y prevención del suicidio

A MEDIDA que los niños se convierten en adolescentes, se vuelve más difícil para los padres saber lo que están pensando y sintiendo. ¿Cuándo los altibajos normales de la adolescencia se convierten en algo de lo que preocuparse?

Es importante aprender sobre los factores que pueden poner a un adolescente en riesgo de suicidio. Dedique algún tiempo a leer estas diez formas en que puede ayudar a prevenir que ocurra una tragedia. Cuanto más sepa, mejor estará preparado para comprender qué puede poner en riesgo a su hijo.

1. No permita que la depresión o la ansiedad de su hijo adolescente se conviertan en una bola de nieve. Tal vez su hijo simplemente está teniendo un mal día, pero tal vez sea algo más si este estado de ánimo ha estado sucediendo durante un par de semanas.

Dato: 9 de cada 10 adolescentes que se quitan la vida cumplieron con los criterios para un diagnóstico de afección o trastorno psiquiátrico o de salud mental, más de la mitad de ellos con un trastorno del estado de ánimo como depresión o ansiedad.

Las personas deprimidas a menudo se refugian en sí mismas, cuando en secreto están pidiendo a gritos ser rescatadas. Muchas veces están demasiado avergonzados para revelar su infelicidad a los demás, incluidos mamá y papá. Los niños en particular pueden tratar de ocultar sus emociones, en la creencia equivocada de que mostrar el sentimiento es un signo de debilidad de neón de cincuenta pies de altura.

No esperemos a que los niños o jóvenes vengan a nosotros con sus problemas o preocupaciones. Llama a la puerta, apárcate en la cama y di: *"Pareces triste. ¿Te gustaría hablar de ello? Tal vez pueda ayudar"*.

2. Escuche, incluso cuando su hijo adolescente no esté hablando.

No todos, pero la mayoría de los niños que están pensando en el suicidio (esto se llama ideación suicida) informan sobre su estado mental problemático a través de comportamientos y acciones problemáticas. Los estudios han encontrado que un rasgo común a las familias afectadas por el suicidio de un hijo o hija es la mala comunicación entre padres e hijos.

. . .

Sin embargo, generalmente hay tres o más problemas o factores que suceden a la vez en la vida de un niño en el momento en que él o ella está pensando en quitarse la vida.

Estos incluyen, entre otros:

- Pérdida importante (es decir, ruptura o muerte)
- Consumo de sustancias
- Presión de grupo o social
- Acceso a las armas
- Humillación pública
- Dolor crónico intenso
- Condición médica crónica
- Impulsividad/agresividad
- Antecedentes familiares de suicidio

Si tu instinto te dice que un adolescente podría ser un peligro para sí mismo, presta atención a tus instintos y no permitas que lo dejen solo. En esta situación, es mejor reaccionar de forma exagerada que reaccionar de forma insuficiente.

3. Nunca te encojas de hombros ante las amenazas de suicidio como el típico melodrama adolescente.

Cualquier declaración escrita o verbal de *"Quiero morir"* o *"Ya no me importa"* debe tratarse con seriedad. A menudo, los niños que intentan suicidarse habían estado diciendo a sus padres repetidamente que tenían la intención de suicidarse.

· · ·

La mayoría de las investigaciones respaldan que las personas que amenazan abiertamente con suicidarse realmente no tienen la intención de quitarse la vida; y que la amenaza es una petición desesperada de ayuda. Si bien eso es cierto la mayor parte del tiempo, ¿qué madre o padre querría arriesgarse a equivocarse?

Cualquiera de estas otras banderas rojas garantiza su atención y acción inmediatas al buscar ayuda profesional de inmediato:

- *"Nada importa"*.
- *"Me pregunto cuántas personas vendrían a mi funeral"*.
- *"A veces desearía poder irme a dormir y nunca despertarme"*.
- *"Todo el mundo estaría mejor sin mí"*.
- *"No tendrás que preocuparte por mí por mucho más tiempo"*.

Cuando un adolescente comienza a dejar caer comentarios como los anteriores o sale y admite sentirse suicida, trate de no reaccionar con shock *("¿Qué eres, loco?")* o desprecio *("¡Eso es algo ridículo de decir!")*. Sobre todo, no le digas: *"¡No quieres decir eso!"*

Esté dispuesto a escuchar sin prejuicios lo que él o ella realmente está diciendo, que es: *"Necesito tu amor y atención porque tengo un dolor tremendo, y parece que no puedo detenerlo por mi cuenta"*.

Ver a su hijo tan preocupado es difícil para cualquier padre.

. . .

Sin embargo, el enfoque inmediato tiene que estar en consolar; atenderás tus sentimientos más tarde.

Con voz tranquila, podrías decir: *"Ya veo. Debes realmente, realmente estar sufriendo por dentro".*

4. Busque ayuda profesional de inmediato.

Si el comportamiento de su hijo adolescente lo tiene preocupado, no espere para comunicarse con su pediatra. Comuníquese con un proveedor local de salud mental que trabaje con niños para que su hijo o joven sea evaluado lo antes posible para que su hijo o hija pueda comenzar la terapia o el asesoramiento si no está en peligro de autolesionarse. Sin embargo, llame a su equipo local de apoyo de crisis de salud mental o vaya a la sala de emergencias local si cree que su hijo es activamente suicida y está en peligro de autolesionarse.

5. Comparte tus sentimientos.

Hágale saber a su hijo adolescente que no está solo y que todos se sienten tristes, deprimidos o ansiosos de vez en cuando, incluidas las mamás y los papás. Sin minimizar su angustia, asegúrese de que estos malos tiempos no durarán para siempre.

. . .

Las cosas realmente mejorarán y usted ayudará a su hijo a través de la consejería y otros tratamientos para ayudar a mejorar las cosas para él o ella.

6. Anime a su hijo adolescente a no aislarse de su familia y amigos.

Por lo general, es mejor estar cerca de otras personas que estar solo. Pero no presiones si dice que no.

7. Recomienda el ejercicio.

La actividad física tan simple como caminar o tan vigorosa como bombear hierro puede frenar la depresión leve a moderada.

Hay varias teorías por las que:

- Hacer ejercicio hace que una glándula en el cerebro libere endorfinas, una sustancia que se cree que mejora el estado de ánimo y alivia el dolor. Las endorfinas también reducen la cantidad de cortisol en la circulación. El cortisol, una hormona, se ha relacionado con la depresión.
- El ejercicio distrae a las personas de sus problemas y las hace sentir mejor consigo mismas.
- Los expertos recomiendan hacer ejercicio durante treinta a cuarenta minutos al día, de dos a cinco veces por semana.
- Cualquier forma de ejercicio servirá; lo que más

importa es que los niños y jóvenes disfruten de la actividad y continúen haciéndola de manera regular.

8. Inste a su hijo adolescente a no exigirse demasiado a sí mismo.

Hasta que la terapia comience a surtir efecto, probablemente este no sea el momento de asumir responsabilidades que podrían resultar abrumadoras. Sugiérale que divida las tareas grandes en otras más pequeñas y manejables siempre que sea posible y participe en actividades favoritas y de bajo estrés. El objetivo es reconstruir la confianza y la autoestima.

9. Recuérdele a su hijo adolescente que está recibiendo tratamiento que no espere resultados inmediatos.

La terapia de conversación y / o la medicación generalmente toman tiempo para mejorar el estado de ánimo. Su hijo no debe desanimarse si no se siente mejor de inmediato.

10. Si guarda armas en casa, guárdelas de manera segura o mueva todas las armas de fuego a otro lugar hasta que la crisis haya pasado.

1. Dato: El suicidio por arma de fuego entre los jóvenes estadounidenses alcanzó un máximo de 12 años en 2013, con la mayoría de las muertes relacionadas con un arma que pertenece a un

miembro de la familia, según un informe del Centro Brady para Prevenir la Violencia con Armas de Fuego. Cualquiera de estas muertes puede haberse evitado si no hubiera un arma disponible.

Si sospecha que su hijo podría tener tendencias suicidas, es extremadamente importante mantener todas las armas de fuego, el alcohol y los medicamentos bajo llave.

7 maneras de mejorar la resiliencia y reducir el riesgo de suicidio

Cuando un niño experimenta pensamientos suicidas o problemas de salud mental, puede ser preocupante y aterrador. Es posible que se pregunte, ¿qué puedo hacer para ayudar? La buena noticia es que hay maneras de apoyar a su hijo y ayudarlo a aprender a navegar una crisis emocional.

Una estrategia apoyada por educadores y profesionales de la salud mental es aumentar la "resiliencia" de un niño. La resiliencia se define como la capacidad de hacer frente y avanzar frente a la crisis. En otras palabras, es la capacidad de abordar los desafíos cuando las circunstancias de la vida son muy difíciles. Durante mucho tiempo, muchos sintieron que ser resiliente era un rasgo con el que los niños nacieron, pero en realidad, ahora sabemos que la resiliencia en los niños se puede enseñar y nutrir.

. . .

En medio de una crisis, una persona joven que experimenta pensamientos suicidas puede aprender a manejar estos pensamientos dolorosos apoyándose en factores protectores. Los factores protectores son las características de la personalidad o el entorno que pueden reducir el riesgo de comportamiento suicida.

En algunos casos, un niño puede necesitar ayuda para averiguar qué funciona mejor para ellos para superar una situación estresante. Muchos niños ya tienen factores protectores, pero es posible que necesiten su ayuda para aprender a usarlos para que sean útiles en una crisis.

Entonces, ¿cómo son exactamente los factores protectores?

1. **Habilidades de afrontamiento**: tenga una conversación con su hijo sobre qué son las habilidades de afrontamiento y cómo pueden usarlas para sentirse tranquilos y a cargo de sus emociones. Ayúdelos a hacer la conexión entre experimentar un sentimiento negativo (triste / enojado / asustado) y hacer una actividad divertida o calmante para cambiar su estado de ánimo. ¡No te olvides de modelar usando habilidades de afrontamiento! Puedes decir algo como: "Mamá se siente frustrada en este momento, así que voy a respirar profundamente y acariciar al perro para que se sienta mejor".
2. **Autoestima** – Trabaje con su hijo para aumentar su confianza. Puede hacer esto alentándolos a asumir roles de liderazgo en el hogar o en la

escuela. Puedes darles tareas que los hagan sentir realizados y orgullosos. También puede iniciar una conversación sobre lo que los hace sentir dignos o lo que les gusta de sí mismos. El modelado también es importante para la autoestima. Si hablas positivamente de ti mismo, es más probable que también busquen sus aspectos positivos.

3. **Apoyos y conexión**: tener a otros a los que recurrir en tiempos difíciles es importante para hacer frente al estrés. Esto se ve diferente para cada persona y puede incluir a varias personas diferentes, como familiares inmediatos y extendidos, amigos o grupos espirituales / religiosos. Si su hijo tiene pocas relaciones cercanas, intente construir su red a través de actividades extracurriculares o en línea, grupos comunitarios y el aumento de las interacciones familiares.

4. **Escuela**: los niños pasan mucho tiempo durante el año escolar interactuando con maestros, compañeros y otro personal de la escuela, incluso cuando participan en el aprendizaje remoto. Esto significa que la escuela puede tener una influencia importante sobre el estado de ánimo y la salud mental. Idealmente, un niño tiene una experiencia positiva en la escuela y se siente conectado y respetado. Si este no es el caso de su hijo, considere comunicarse con la escuela para obtener apoyo y abogar por las necesidades de su hijo. El personal de la escuela puede ser un gran socio para mejorar los resultados de su hijo académica, social y emocionalmente.

5. **Atención de salud mental**: a veces, los problemas de estado de ánimo o comportamiento

son graves o duraderos y se interponen en el camino de un niño que enfrenta diferentes desafíos. El apoyo de salud mental de profesionales con licencia puede marcar una gran diferencia en los resultados para un niño que experimenta pensamientos suicidas, depresión u otros problemas de salud mental. Cada niño puede tener diferentes necesidades que podrían incluir terapia, medicamentos, una combinación de enfoques u otras estrategias efectivas. Si tiene inquietudes, asegúrese de hablar con el pediatra de su hijo o comuníquese con una agencia de salud mental para iniciar los servicios. Recuerde, el apoyo terapéutico también se proporciona cada vez que usted u otra persona de apoyo se toma el tiempo para escuchar empáticamente a su hijo.

6. **Limitar el acceso a armas, medicamentos y otros medios letales**: si su hijo está experimentando pensamientos suicidas o le preocupa que pueda hacerlo, eliminar su acceso a medios letales puede ser una intervención que salva vidas. La investigación sugiere que los niños son más impulsivos que los adultos y pasan de pensar en el suicidio a actuar rápidamente; esto significa que el almacenamiento seguro es una parte crítica de la prevención del suicidio. Es fundamental considerar cómo su familia está almacenando armas de fuego, medicamentos, productos químicos, objetos punzantes y cualquier otra cosa que su hijo pueda usar para dañar su cuerpo.

7. **Preguntar directamente** - Preguntar directamente sobre los pensamientos de suicidio y los medios para el daño es la forma más efectiva de

determinar el riesgo. No tenga miedo de preguntarle a su hijo: "¿Está pensando en suicidarse? ¿Qué has pensado en usar para lastimarte a ti mismo?" Estas preguntas no pondrán la idea en la mente de un niño.

Considere el uso de los factores de protección mencionados anteriormente para desarrollar resiliencia. Estas son algunas de las mejores maneras de reducir el riesgo de suicidio en su hijo.

También puede trabajar con su hijo para comprender mejor sus señales de advertencia de una crisis y alentarlo a usar sus habilidades de protección y afrontamiento cuando se noten estas señales de advertencia. Usted querrá discutir estas preocupaciones con su proveedor de atención, pero también puede utilizar líneas de apoyo de crisis 24/7 para consulta si es necesario.

9

Sociedad y cultura sobre el suicidio

El suicidio tiene un significado social y moral en todas las sociedades. Tanto a nivel individual como poblacional, hace tiempo que se entiende que la tasa de suicidio está relacionada con fuerzas culturales, sociales, políticas y económicas. El suicidio no está vinculado en todas partes con la patología, sino que representa una solución culturalmente reconocida para determinadas situaciones. Como tal, la comprensión del suicidio y el intento de prevención del riesgo requiere una comprensión de cómo el suicidio varía con estas fuerzas y cómo se relaciona con las experiencias individuales, grupales y contextuales.

La sociedad y la cultura desempeñan un enorme papel a la hora de dictar la forma en que las personas responden y ven la salud mental y el suicidio.

La cultura influye en la forma en que definimos y experimentamos la salud mental y la enfermedad mental, en nuestra capacidad para acceder a la atención y en la naturaleza de la atención que buscamos, en la calidad de la interacción entre el proveedor y el paciente en el sistema de atención sanitaria, y en nuestra respuesta a la intervención y el tratamiento. Esto tiene importantes implicaciones para el tratamiento de personas pertenecientes a diferentes grupos raciales, étnicos y culturales en los Estados Unidos, como se analiza en detalle en el Informe del Cirujano General, Mental Health: Culture, Race, and Ethnicity. Las variables culturales tienen un impacto muy amplio en el suicidio. Determinan los factores de riesgo y de protección, así como la disponibilidad y los tipos de tratamiento que podrían intervenir para disminuir el suicidio. Este capítulo describe un marco para pensar en el continuo de influencias culturales sobre el suicidio. A continuación, se explora el papel del individuo, de la ubicación geográfica, de la sociedad y de la perspectiva histórica en los factores sociales que influyen en el riesgo de suicidio. Por último, se describen algunos de los obstáculos que impiden comprender plenamente las fuerzas sociales y culturales que influyen en el suicidio.

Una red de seguridad social

Las conexiones humanas a través de organizaciones informales y formales y el tenor del cambio social son fuentes de acontecimientos tanto angustiosos como liberadores. También son los componentes de una "red de seguridad" que puede empujar a los individuos hacia el suicidio o alejarlos de él como "solución" a sus problemas. La descripción de esta red de seguridad social se originó a principios de la historia de la investigación sobre el suicidio y evolucionó con el tiempo.

. . .

Los individuos en crisis suelen encontrarse en situaciones sociales y culturales en las que tanto la integración (es decir, el amor, el consuelo, el cuidado, los sentimientos de pertenencia) como la regulación (es decir, las obligaciones, los deberes, las responsabilidades, la supervisión) son de nivel moderado. Estarían cerca del fondo de la red, donde los vínculos con los demás son capaces de "atrapar" al individuo en las crisis, protegiéndolo del suicidio. Sin embargo, a medida que un grupo social o cultural se vuelve demasiado flojo en cualquiera de las dos dimensiones, los individuos que se enfrentan a las crisis no cuentan con vínculos de preocupación ni de obligación, no cuentan con el apoyo suficiente para disuadir del recurso al suicidio como solución.

Por ejemplo, históricamente, en el Imperio Austrohúngaro en el siglo XIX, se ha informado de que las tasas de suicidio están correlacionadas con los bajos niveles de integración social. En la época contemporánea, los individuos del Reino Unido menores de 35 años que se suicidaron resultaron estar más "desarraigados" y haberse retraído socialmente en comparación con los casos de control. Otros atribuyen las diferencias entre las tasas de suicidio de Noruega y Dinamarca a la diferencia en la integración social; y en Noruega, donde se informó de que el nivel de integración entre los hombres jóvenes estaba en declive, las tasas de suicidio entre estos grupos están aumentando. A lo largo del tiempo, la duplicación de la tasa de suicidio irlandesa desde 1945 parece estar directamente relacionada con los niveles más bajos de regulación e integración.

. . .

Sin embargo, los grupos sociales y culturales también pueden ser represivos, asfixiantes y propiciar el suicidio.

En circunstancias en las que el grupo social exige un 100% de lealtad y compromiso, los individuos pierden su capacidad de decidir sobre las opciones a las crisis. En estos grupos se pide a los individuos que demuestren su compromiso con el grupo y sus causas cediendo el poder de la vida y la muerte a las necesidades del grupo. En estas circunstancias, los lazos de la red social de integración y regulación son tan densos que la red de seguridad se cierra y forma un muro que destroza en lugar de apoyar. Las fuerzas sociales y culturales que contribuyen con tanta fuerza al suicidio deben comprenderse plenamente y tenerse en cuenta en la prevención de riesgos.

Los factores sociales y culturales relacionados con el suicidio se han considerado en cuatro niveles diferentes: influencias individuales, geográficas, sociales e históricas. El primero, el individual, se centra en la influencia de acontecimientos específicos en la vida de alguien y en su afiliación y participación en grupos sociales. Un enfoque a este nivel supone que los acontecimientos o circunstancias vitales críticos son los responsables de los suicidios. Por ejemplo, los individuos que se enfrentan a un divorcio, a tensiones económicas o a la represión política suelen caracterizarse como riesgos de suicidio. En este caso, la investigación empírica suele basarse en el método de casos y controles, comparando a los individuos en riesgo con otros, a menudo emparejados por edad y género. Cuando se considera el segundo nivel, la atención se centra en las distribuciones geográficas del suicidio, a menudo dentro de los países, y se evalúan los perfiles socioculturales para ver si contribuyen a la tasa de suicidio.

· · ·

Estos estudios se basan en las tasas de suicidio y en las características de las zonas geográficas.

Por ejemplo, los individuos que viven en zonas de baja integración social (por ejemplo, con altas tasas de divorcio o desempleo) tienen mayor riesgo de suicidio. En tercer lugar, la investigación a nivel social ha examinado las diferencias en las tasas de suicidio entre países. Los distintos países, que tienen acuerdos institucionales diferentes, difieren significativamente con respecto al suicidio. Por ejemplo, las sociedades del norte de Europa, especialmente Finlandia y Austria, tienen tasas especialmente altas, al igual que muchos países postsoviéticos de Europa del Este, cuyas tasas de suicidio reflejan un empeoramiento general de las condiciones de salud en una época de agitación y crisis social con grandes cambios económicos, políticos y sociales. Además, las sociedades confucianas, Japón y China en particular, tienen tasas de suicidio comparativamente más altas que otras sociedades asiáticas. Además, la discrepancia entre las tasas de suicidio de hombres y mujeres es mucho menor en las sociedades asiáticas, especialmente en las de Asia Oriental.

En el nivel de análisis histórico, las tasas de suicidio se comparan a lo largo de períodos de tiempo, para examinar los efectos de períodos cortos o las tendencias a largo plazo. Las tendencias pueden examinarse y correlacionarse con los cambios a lo largo del tiempo en los indicadores sociales y culturales de diversas sociedades. Aunque estos estudios utilizan enfoques muy diferentes y, en consecuencia, son difíciles de comparar y analizar, reflejan la importancia de comprender el contexto y el periodo histórico. Las siguientes secciones explorarán muchos de los factores sociales y culturales que influyen en el suicidio y se basarán en datos de estos múltiples niveles.

Apoyo familiar y social

En todas las sociedades, los vínculos familiares influyen en la probabilidad de suicidio. Algunos investigadores sostienen que la unidad familiar es el factor más importante para entender el suicidio. Sin embargo, otros demuestran que también hay que tener en cuenta las circunstancias económicas de la vida. Sea cual sea el contexto social, vivir solo aumenta el riesgo de suicidio.

Estado civil

El estado civil ofrece la oportunidad de ver la convergencia de los efectos sociodemográficos en el suicidio; su influencia en las tasas de suicidio varía según el género, la cultura y el curso de la vida. En general, sin embargo, en muchas culturas, el matrimonio se asocia con tasas de suicidio más bajas, mientras que el divorcio y la separación matrimonial se asocian con un mayor riesgo de suicidio. Las personas viudas también tienen más probabilidades de suicidarse. Otros estudios sugieren que ser soltero también influye en la probabilidad de cometer un suicidio. Los resultados de los intentos de suicidio y el estado civil son ligeramente diferentes. Al igual que en el caso de los suicidios consumados, los divorciados y los solteros estaban sobrerrepresentados en los intentos de suicidio. Sin embargo, un estudio realizado en los Países Bajos descubrió que las tasas globales más bajas de intentos se daban entre los viudos, lo que quizás refleja la letalidad de los intentos entre esta cohorte.

El contexto cultural permite comprender el papel del estado civil en el suicidio. En Estados Unidos, los científicos descubrieron que, entre los afroamericanos, el divorcio o la muerte del cónyuge aumentaba significativamente el riesgo de suicidio, pero no así la soltería. La fuerza de la asociación entre el estado civil y el suicidio era menor que el efecto para los blancos, lo que el autor sugiere que se debe a unos lazos familiares más fuertes.

El impacto del estado civil también difiere entre hombres y mujeres, y varía a lo largo de la vida. Los modelos que tienen en cuenta el género a menudo han encontrado que el divorcio aumenta el riesgo de suicidio sólo en los hombres; en las mujeres el divorcio no parece ejercer una fuerte influencia en el suicidio. En Israel, el aumento de las tasas de divorcio entre 1960 y 1989 se asoció con mayores tasas de suicidio en los hombres y menores en las mujeres. En el Pakistán contemporáneo, los suicidios eran más frecuentes en las mujeres casadas que en las solteras. Un estudio controlado descubrió que los suicidios eran especialmente frecuentes entre los hombres de 30 a 39 años que nunca se habían casado, en comparación con la población general. Las interpretaciones teóricas de estos datos se hacen eco con frecuencia de las suposiciones de Durkheim, quien propuso que el matrimonio es protector cuando no es excesivo ni insuficiente, y proporciona integración y apoyo social a través de una fuerte red familiar. Por ejemplo, reflejando la noción de Durkheim de que el matrimonio muy temprano para los hombres es "sobrerregulador", las altas proporciones de poblaciones nunca casadas están relacionadas con menores tasas de suicidio entre los hombres jóvenes.

Aunque la investigación en este ámbito es incompleta, estos resultados advierten del peligro de generalizar sobre la base de un único factor sociodemográfico. Los colegas sugieren que algunas de las variaciones relacionadas con la edad en los factores sociales para el suicidio pueden explicarse mejor por la enfermedad mental y el abuso del alcohol. Un análisis de los colegas apoyó esta teoría. Al controlar la hospitalización psiquiátrica, descubrieron que el estado civil ya no era un factor de riesgo de suicidio significativo e independiente para las mujeres. Otras investigaciones sugieren que la calidad del vínculo marital puede ser lo más importante; la violencia doméstica parece aumentar el riesgo de ideación e intentos de suicidio en todo el mundo. También se ha sugerido que cuando los lazos maritales representan la única o principal fuente de integración y apoyo social, la disolución del matrimonio tendrá un efecto especialmente fuerte en el aumento del riesgo de suicidio. La integración de variables a nivel individual es necesaria para comprender la confluencia de estos factores.

Paternidad

Ser padre, especialmente en el caso de las madres, parece disminuir el riesgo de suicidio. En un estudio prospectivo de más de 900.000 mujeres a las que se hizo un seguimiento durante 15 años, Hoyer y Lund observaron que tanto el hecho de tener hijos como el número de éstos disminuía el riesgo de suicidio. En todos los países, tener un hijo pequeño parece ser un importante factor de protección para las mujeres. Las mujeres embarazadas tienen un menor riesgo de suicidio que las mujeres en edad fértil que no están embarazadas.

Discordia y conexión familiar

La discordia en el seno de la familia también influye en el suicidio. El aumento de las tasas de suicidio en Irlanda entre 1970 y 1985 se correlacionó con un declive general de la cohesión social, marcado por el descenso de la tasa de matrimonios y el aumento del número de parejas separadas. Un estudio realizado en Escocia demostró que, entre los pacientes con trastornos mentales, los conflictos familiares aumentaban el riesgo de suicidio en un factor de 9 aproximadamente. El efecto de la discordia doméstica también puede influir en la tasa de suicidio de niños y adolescentes. Los adolescentes que habían vivido en familias monoparentales o que estaban expuestos a discordias entre padres e hijos tenían más probabilidades de suicidarse que los controles emparejados. Además, los científicos descubrieron que la exposición a traumas, como la violencia, predice malos resultados en los niños, especialmente si las respuestas de los padres son inadecuadas. Pero si la salud física y mental de los padres es sólida, los niños pueden salir sorprendentemente bien incluso frente al terrorismo.

Por otro lado, algunos investigadores han observado que la conectividad parental y familiar percibida protegía significativamente contra la suicidalidad de los jóvenes.

. . .

Otros estudios también demostraron un efecto protector de la conectividad y la cohesión familiar sobre el comportamiento suicida entre los jóvenes indios americanos y nativos de Alaska, los adolescentes mexicanos americanos y una muestra de adolescentes mayoritariamente blancos.

Apoyo social

Las personas que disfrutan de relaciones estrechas con los demás afrontan mejor diversas tensiones, como el duelo, la violación, la pérdida de empleo y la enfermedad física, y gozan de mejor salud psicológica y física. Los estudios han documentado que el apoyo social puede atenuar la gravedad de la depresión y acelerar su remisión en grupos de riesgo como los inmigrantes y los enfermos físicos. Los estudios sobre jóvenes con riesgo de sufrir resultados adversos, incluido el suicidio, han demostrado que el apoyo social amortigua poderosamente los efectos de los acontecimientos vitales negativos.

Como se ha mencionado anteriormente, el suicidio consumado es más frecuente en quienes están socialmente aislados y carecen de apoyo familiar y de amistades. Los estudios realizados en diversos países y grupos étnicos muestran que los intentos de suicidio y la ideación entre los jóvenes y los adultos se correlacionan con un bajo apoyo social, y un estudio sugiere que el apoyo social percibido puede explicar aproximadamente la mitad de la variación en el potencial de suicidio de los jóvenes. La investigación ha demostrado que el apoyo social modera la ideación suicida y el riesgo de intentos de suicidio entre varios grupos raciales/étnicos, jóvenes y adultos maltratados, aquellos con diagnósticos psiquiátricos y aquellos que se enfrentan al estrés de la aculturación.

Las pruebas sugieren diferentes mecanismos de influencia del apoyo. El apoyo social a veces representa parte de un proceso de protección que aumenta la autoeficacia y, por lo tanto, reduce la conducta suicida.

En otras ocasiones, el apoyo social reduce más directamente la suicidalidad a través de la reducción de la angustia psíquica. Además, el apoyo familiar y el de las amistades parecen desempeñar papeles algo diferentes en la protección contra la suicidalidad; los hombres y las mujeres pueden diferir en el uso y los tipos de apoyo social.

El tratamiento eficaz de la suicidalidad, ya sea médico o psicosocial, implica el contacto humano y el apoyo. Los recientes programas de prevención del suicidio para aumentar el apoyo social y otras variables positivas se basan en las nuevas pruebas que sugieren un mayor efecto de mejora al aumentar los factores de protección que al reducir el riesgo.

Religión y religiosidad

En general, la participación en actividades religiosas es un factor de protección contra el suicidio. En los Estados Unidos, las zonas con mayores porcentajes de individuos sin afiliación religiosa registran tasas de suicidio correspondientemente más altas. La variación anual de la tasa de suicidio tiende a correlacionarse con la variación anual de la asistencia a la iglesia.

Además, los adultos de mayor edad (50 años o más) que participan en la religión organizada son menos propensos a completar el suicidio. Del mismo modo, las zonas de la antigua Unión Soviética con una fuerte tradición religiosa tuvieron tasas de suicidio más bajas entre 1965 y 1984.

La protección que ofrece la religión puede tener varios componentes. La participación en la religión puede proporcionar un sistema de apoyo social a través de redes sociales activas. El suicidio puede reducirse con la afiliación religiosa debido a la proscripción del acto. Las estructuras de creencias y el espiritismo también pueden ser protectores a nivel individual como recurso de afrontamiento y mediante la creación de un sentido de propósito y esperanza.

Afiliación religiosa

Históricamente, los estudios sobre Europa Occidental indicaban que aquellos países o regiones dentro de los países que eran católicos en contraposición a los que eran protestantes tenían tasas de suicidio más bajas; se ha propuesto que esto está relacionado con un mayor contacto social y afiliación en el catolicismo practicado. En Estados Unidos, esta hipótesis clásica también ha recibido apoyo empírico. Sin embargo, a diferencia de lo que ocurre en gran parte de Europa, los Estados Unidos han experimentado un intenso y extendido confesionalismo entre los grupos protestantes. Aunque la religión sigue estando correlacionada de forma diferencial con el suicidio, parece que las zonas con una mayor presencia de católicos y de tipos de protestantismo evangélico o conservador (por ejemplo, bautistas del sur) registran tasas de suicidio más bajas en comparación con las que tienen una mayor representación del protestantismo de línea principal o institucional (por ejemplo, episcopalianos, unitarios). La presencia de adeptos judíos tiene un efecto pequeño pero inconsistente en la reducción de las tasas de suicidio. Sin embargo, la proporción de fieles islámicos no parece estar relacionada con las tasas de suicidio.

Esta investigación apunta a los lazos sociales formados (por voluntad y obligación) entre estos diferentes grupos religiosos más que a las diferencias de dogmas. Esta conclusión se ve respaldada por pruebas que indican que en los "centros históricos" de las religiones, los efectos protectores de la afiliación religiosa son más fuertes. Por el contrario, cuando los adeptos a la religión se encuentran fuera de estos lugares, el efecto de la afiliación sobre el suicidio (por ejemplo, los judíos y los católicos en el sur) puede producir más suicidios. Se ha sugerido que es precisamente en aquellos lugares donde las religiones han construido instituciones de asistencia y comunidades informales de apoyo donde los efectos protectores de la religión son más fuertes.

Los estudios a nivel individual de evaluación explican aún más el papel de la religión en la reducción del riesgo de suicidio. Un científico comparó las tasas de suicidio entre católicos y protestantes en Chicago entre 1966 y 1968. Descubrió que, en todos los grupos de edad y en ambos sexos, la tasa de suicidio de los protestantes era mayor que la de los católicos. Los inmigrantes en Estados Unidos que se identifican como católicos presentan tasas de ideación suicida a lo largo de la vida significativamente menores (3,7% frente a 11,8%) y de intentos de suicidio (1,6% frente a 2,6%) que los inmigrantes no católicos. Las puntuaciones en la asistencia a la iglesia, la percepción de la religiosidad y la influencia de la religión se asociaron negativamente con la ideación suicida. Cuando se tuvieron en cuenta el sexo, el estado civil y el estatus socioeconómico, la percepción de la influencia de la religión fue el predictor independiente más significativo de la ideación suicida.

Aquellos individuos que percibían que la religión era influyente en sus vidas reportaron menos ideación suicida, y aquellos individuos que asistían a la iglesia con más frecuencia reportaron menos ideación suicida. Estos hallazgos no aportaron ningún apoyo a la noción de que la afiliación con el catolicismo muestra menos riesgo de suicidio que con otras religiones, ya que la asistencia a la iglesia y no la afiliación religiosa explicaba la mayor parte de la variación en las actitudes suicidas. Sin embargo, estos resultados apoyan la idea de que la religiosidad desempeña un papel protector contra el suicidio. Aunque la mayoría de los estudios sobre religión y suicidio se han centrado en muestras de adultos, algunos han descubierto que la asistencia a la iglesia entre los jóvenes de diversos orígenes étnicos/raciales reduce el riesgo de suicidio, incluidos los intentos de suicidio. Un amplio meta-análisis de datos de adolescentes estadounidenses que controlaba las variables sociodemográficas indica que la religiosidad disminuye el riesgo de ideación e intentos de suicidio en los jóvenes.

Creencias religiosas

. . .

Los norteamericanos activamente religiosos son mucho menos propensos que los no religiosos a abusar de las drogas y el alcohol (asociado al suicidio), a divorciarse (asociado al suicidio) y a completar el suicidio. Los investigadores descubrieron que los individuos que asistían a la iglesia con más frecuencia declaraban aprobar menos el suicidio como solución a los problemas de la vida.

Un estudio en el que participaron 100 estudiantes universitarios, utilizando el Inventario de Razones para Vivir y la Escala de Bienestar Espiritual. encontró resultados que indican fuertemente una alta relación positiva entre el bienestar religioso de un individuo (la fe en Dios) y las objeciones morales de esa persona al suicidio; el bienestar existencial se correlacionó con la supervivencia adaptativa y las creencias de afrontamiento. El estudio de décadas de individuos en riesgo también ha sugerido que la participación y las creencias religiosas pueden influir en los resultados positivos al proporcionar a las personas un sentido y un propósito.

10

Valores culturales y suicidio

Varios estudios epidemiológicos han informado de tasas más bajas de depresión entre las personas religiosas, ya sean sanas o enfermas. Otros investigadores también descubrieron que la religiosidad intrínseca (es decir, las creencias religiosas que representan el motivo vital principal y unificador de una persona) aumentaba significativamente la velocidad de remisión de la depresión en un 70% por cada aumento de 10 puntos en la escala de religiosidad intrínseca de Hoge. Estos cambios fueron independientes de otros factores que se predijeron para acelerar la remisión, incluyendo el cambio en el estado de salud física, la actividad religiosa y el apoyo social.

También se ha descubierto que la actividad religiosa protege contra los factores de riesgo de suicidio, como el abuso de alcohol, el abuso de drogas y los trastornos de ansiedad. Además, varios estudios aportan algunas pruebas de que los factores espirituales de protección (por ejemplo, las creencias religiosas) pueden inocular a los individuos contra las experiencias vitales estresantes.

Al menos un estudio ha encontrado una atenuación de las respuestas inmunológicas- inflamatorias en aquellos que asisten regularmente a actividades religiosas que no pudo ser explicada por diferencias en la depresión, eventos vitales negativos u otras covariables.

Los científicos señalaron que el uso de prácticas espirituales/religiosas para tratar la depresión y la ansiedad ha resultado eficaz. Otros descubrieron que la terapia religiosa daba lugar a una recuperación significativamente más rápida de la depresión en comparación con la terapia cognitivo-conductual secular estándar. Del mismo modo, investigaciones orientales asignaron al azar a 62 pacientes musulmanes con trastorno de ansiedad generalizada a un tratamiento tradicional (terapia de apoyo y fármacos ansiolíticos) o a un tratamiento tradicional más psicoterapia religiosa. La psicoterapia religiosa implicaba el uso de la oración y la lectura de versos del Sagrado Corán específicos para la situación de la persona. Los pacientes que recibieron psicoterapia religiosa mostraron una mejora significativamente más rápida de los síntomas de ansiedad que los que recibieron la terapia tradicional. Estos estudios sugieren que la exposición a factores espirituales de protección puede proporcionar también cierta protección contra algunos tipos de enfermedades mentales asociadas al suicidio.

En algunas culturas, el suicidio es moralmente aceptable en determinadas circunstancias. Aunque la mayoría de las religiones occidentales prohíben el suicidio, algunas religiones orientales lo aceptan mejor. Entre los monjes budistas, por ejemplo, el autosacrificio por motivos religiosos puede considerarse un acto honorable. Durante la guerra de Vietnam, los monjes budistas se prendieron fuego en señal de protesta.

En Japón, las actitudes hacia el suicidio son mixtas, pero algunos sancionan e incluso glorifican el suicidio cuando se hace por "buenas" razones para controlar el propio destino. El código de conducta hindú aprueba el suicidio en caso de enfermedades incurables o grandes desgracias.

Otras tradiciones culturales sancionan el suicidio. Por ejemplo, en la India es aceptable que una viuda se queme en la pira funeraria de su marido para seguir vinculada a él en lugar de convertirse en un desecho en la sociedad. La creencia tradicional es que con este acto, marido y mujer serán bendecidos en el paraíso y en su posterior renacimiento. En Japón, el hara-kiri era un suicidio tradicional que llevaban a cabo los guerreros en la época feudal y, tan recientemente como en 1945, los oficiales del ejército se suicidaron tras la derrota de Japón. El suicidio por hara-kiri, un destripamiento, es lento y doloroso y algunos consideran que simboliza el ejercicio del poder sobre la muerte.

Algunas culturas ven el suicidio como una opción aceptable en determinadas situaciones. El suicidio en Japón puede ser una respuesta culturalmente aceptable a la desgracia. Además, es más aceptable matar a los hijos junto con uno mismo que suicidarse solo, dejando a los niños al cuidado de otros. Del mismo modo, en la región del Pacífico, el suicidio representa una respuesta culturalmente reconocida a la violencia doméstica.

. . .

Wolf informa de que las mujeres chinas sin hijos pueden demostrar su fidelidad a sus maridos mediante el suicidio a la muerte de su cónyuge.

Está claro que la percepción del suicidio por parte de una sociedad y sus tradiciones culturales pueden influir en la tasa de suicidio. Se cree que un mayor estigma social contra el suicidio protege del mismo, mientras que un menor estigma puede aumentar el suicidio.

Influencias económicas y estatus socioeconómico

Los análisis epidemiológicos revelan que la ocupación, la situación laboral y el estatus socioeconómico (SES) afectan al riesgo de suicidio. Un reciente informe del IOM describe ampliamente la influencia de los factores sociales (incluidos el empleo y el SES) en la salud en general. Muchas de las mismas cuestiones existen al centrarse en el suicidio. Aquí se describen algunos estudios que abordan estas cuestiones para el suicidio y el comportamiento suicida.

Ocupación

Algunas profesiones tienen mayor riesgo de suicidio que otras.

Los médicos y los dentistas, por ejemplo, tienen tasas de suicidio elevadas incluso después de controlar las variables demográficas de confusión, mientras que las tasas de suicidio más elevadas de grupos profesionales como los policías y los trabajadores manuales, pueden explicarse mejor por la demografía de estos subgrupos.

Es interesante que en algunos países del norte de Europa, las tasas entre los médicos muestren diferencias de género; las mujeres tienen mayor riesgo que los hombres. Algunos sugieren que el mayor acceso a los medios entre estas profesiones contribuye a las tasas más altas. Mientras que algunos encuentran que los obreros son más propensos a completar el suicidio, otros encuentran un alto nivel de suicidio entre las clases profesionales, confirmando las teorías anteriores que sugieren que el riesgo de suicidio es elevado en ambos extremos del espectro de prestigio profesional.

La influencia específica de los factores relacionados con la ocupación en el suicidio sigue sin estar clara. Las enfermedades mentales y las variables de empleo se influyen mutuamente, ya que las enfermedades mentales a veces perturban el empleo y el desempleo a veces agrava las enfermedades mentales.

La investigación ha implicado la tensión económica en la interrupción del matrimonio, y otros encontraron, por ejemplo, que el gasto en bienestar del estado parece influir en las tasas de suicidio a través del aumento de los ingresos y la disminución del divorcio. La relación entre la ocupación y el suicidio también muestra una variabilidad según las diferencias étnicas.

. . .

Un estudio reciente sugiere que no hay diferencia entre el suicidio de negros y blancos en ocupaciones de alto estatus cuando se controlan los factores demográficos, mientras que los blancos evidencian mayores tasas de suicidio en trabajos de bajo estatus. Otros, sin embargo, encontraron una correlación positiva entre la disminución de las diferencias de ingresos entre negros y blancos y las tasas de suicidio de los negros.

Se ha demostrado que el aumento de los ingresos incrementa el riesgo de intento de suicidio en las mujeres afroamericanas. Una de las hipótesis de estas relaciones postula que, a medida que disminuye la discriminación contra los negros, éstos son menos capaces de culpar a los factores externos/sociedad por las dificultades de la vida, y por tanto se culpan a sí mismos. Otros sostienen, sin embargo, que las observaciones de los efectos de los ingresos en las tasas de suicidio de los negros reflejan más fuertemente los cambios en las redes de apoyo social de los afroamericanos a medida que cambia su estatus socioeconómico.

Estos procesos transaccionales entre las características individuales y los contextos ambientales ponen de manifiesto la complejidad de la cuestión y la falta de investigación transaccional y longitudinal que descubra las contribuciones relativas al riesgo de suicidio del estrés laboral, el entorno profesional, la discriminación y la aculturación, la demografía y la disponibilidad de medios.

Desempleo

. . .

El desempleo está claramente asociado a un aumento de las tasas de suicidio. En una amplia revisión, un análisis de estudios transversales individuales y agregados y de estudios longitudinales individuales y agregados mostró que casi todos demostraron una mayor tasa de suicidio y/o intentos de suicidio con el desempleo.

Esta relación se ha documentado en muchos países, como Canadá, Australia, Alemania, Italia, Trinidad y Tobago, Inglaterra y Gales, y Taiwán. Un estudio reciente en Estados Unidos, basado en el National Longitudinal Mortality Study, reveló que el riesgo de suicidio se multiplicaba por dos entre los desempleados. Es posible que existan algunas diferencias de género, como se observa en una evaluación del suicidio en 16 países. En los países italianos, por ejemplo, la influencia del desempleo en las tasas de suicidio fue mayor para los hombres que para las mujeres. En Estados Unidos, un análisis reciente sugirió que, aunque la relación es más fuerte en los hombres a corto plazo, cuando se hace un seguimiento durante 9 años, las mujeres desempleadas eran en realidad más vulnerables al suicidio que los hombres desempleados.

Los aumentos de las tasas de desempleo nacionales han tenido una influencia mixta en las tasas de suicidio. El aumento del desempleo en Irlanda se ha atribuido al aumento de los suicidios entre 1978 y 1985. Por otro lado, las tasas de desempleo no predijeron las tasas de suicidio en Hong Kong entre 1976 y 1992, ni en Estados Unidos o Canadá entre 1950 y 1980. En Japón, de 1953 a 1972, la tasa de suicidio, tanto de hombres como de mujeres, se correlacionó positivamente con el desempleo. Sin embargo, después de 1972 y hasta 1986, la relación no se mantuvo. La hipótesis es que este cambio refleja cambios más amplios en la economía global, ya que en Japón se produjo la transición de una economía industrial a una de servicios, al igual que en muchas sociedades capitalistas.

Situación socioeconómica

Un fuerte predictor del suicidio, a través de los niveles, el tiempo y los países, es la desventaja socioeconómica. Las tasas globales de suicidio parecen estar asociadas a los indicadores de desventaja económica. Por ejemplo, las tasas de suicidio son más altas en las zonas de bajos ingresos de Estocolmo y en toda Suecia. La misma relación es válida en Canadá, Australia y Londres. Además, la percepción de las posibilidades de ingresos de los individuos (es decir, los ingresos permanentes) se ha visto implicada en el riesgo de suicidio. Utilizando datos a nivel individual sobre suicidios de hombres en Nueva Orleans, los científicos documentaron una relación entre el suicidio y los indicadores de movilidad descendente, ingresos reducidos y desempleo. En Inglaterra y Gales, las zonas caracterizadas por una clase social más baja presentaban mayores tasas de suicidio. Incluso entre los menores de 25 años, un estatus social más bajo aumentaba la probabilidad de suicidio en comparación con la población local.

Del mismo modo, las recesiones económicas en toda la sociedad se han relacionado con mayores tasas de suicidio. Por ejemplo, en Estados Unidos, los investigadores, mediante un análisis multivariante de series temporales, descubrieron que la duración media mensual del desempleo (de 1947 a 1977) y el índice empresarial de Ayres (de 1910 a 1939) estaban relacionados con la tasa de suicidio. Los investigadores señalan que los mayores cambios en el ciclo económico se han asociado a un mayor aumento de la tasa de suicidio. Como reflejo de la importancia de la estratificación social, tal y como se ha comentado anteriormente, los mayores aumentos de la tasa de suicidio británica se produjeron en las zonas con mayor aumento absoluto de la fragmentación social y la privación económica.

En Japón, Singapur, Taiwán y Hong Kong, tras el declive de la prosperidad asiática posterior a la Segunda Guerra Mundial, las tasas de suicidio aumentaron. Por el contrario, en la región de Nis, en Yugoslavia, las tasas de suicidio descendieron entre 1987, cuando el país era económica y políticamente estable, y 1999, en el punto álgido de la crisis económica y política (de 14,8/100.000 a 13,8 en los hombres y de 6,8 a 3,7 en las mujeres).

Asimismo, la tasa en China se mantuvo alta en su periodo de mayor crecimiento económico. Los investigadores sugieren que las elevadas tasas actuales de suicidio en China están relacionadas con los cambios sociales resultantes de las reformas económicas que se instituyeron en 1978.

Estas tendencias de suicidio, que se repiten en muchas sociedades en desarrollo, sugieren los efectos desestabilizadores de las actuales fases de cambio social espoleadas por los cambios económicos y señalan además el papel crítico del entorno social y de las fuerzas contextuales más amplias.

. . .

Las condiciones económicas también pueden afectar al suicidio de otras maneras. El consumo de alcohol y las desavenencias matrimoniales pueden aumentar con las dificultades económicas, lo que puede incrementar el riesgo de suicidio. La reubicación de las personas o las familias puede ser consecuencia del desempleo o de las tensiones financieras. El aumento del estrés que supone la ruptura de los vínculos sociales incrementa el riesgo de suicidio. Los que se quedan atrás también pueden correr un mayor riesgo.

Por ejemplo, en China, 100.000.000 de emigrantes económicos del campo a la ciudad dejaron atrás a jóvenes esposas responsables de los niños pequeños, el cuidado de los ancianos y la agricultura. Con un apoyo económico limitado, muchas de estas mujeres completan el suicidio como resultado de la tremenda presión.

11

El sistema político y el suicidio

EN TIEMPOS DE GUERRA, el suicidio entre la población suele reducirse, según los investigadores. Sin embargo, la coacción política o la violencia pueden aumentar el suicidio. En la antigua Unión Soviética, las zonas que sufrían opresión sociopolítica (los países bálticos) y cambios sociales forzados (Rusia) tenían tasas de suicidio más altas en comparación con otras regiones. Mientras que los tamiles de Sri Lanka han experimentado durante mucho tiempo una alta tasa de suicidio, su población mayoritariamente cingalesa experimentó una tasa baja hasta el comienzo de la guerra civil hace dos décadas, cuando su tasa aumentó enormemente. Además, la guerra puede promover los suicidios altruistas. En la antigüedad, en China, por ejemplo, los soldados que se consideraban especialmente valientes se adelantaban a las líneas de batalla para suicidarse como demostración de la ferocidad de su lealtad y determinación contra los ejércitos invasores de Asia Central.

La actividad política general, como las elecciones presidenciales de Estados Unidos, se correlaciona con la disminución de las tasas de suicidio; los investigadores sugieren que esto es una consecuencia de una mayor integración social durante estos tiempos. Sin embargo, esta correlación no está respaldada por todos los estudios.

La relación entre el poder político, social y económico y las tasas de suicidio es interesante, pero los datos directos son limitados. Se ha observado una correlación positiva en 26 naciones entre las tasas de suicidio de hombres y mujeres y el acceso de las mujeres al poder social, económico y político. Los estudios mostraron que, en Portugal, el auge del movimiento independentista femenino se correlacionó con un aumento significativo de la tasa de suicidio femenino, especialmente entre las mujeres profesionales que vivían en zonas urbanas. Este cambio en la tasa puede haber estado mediado por un aumento en el consumo de alcohol entre las mujeres profesionales tras lograr una mayor independencia. Las funciones profesionales poco frecuentes (por ejemplo, las mujeres que se incorporan a profesiones dominadas por los hombres) parecen aumentar el riesgo de suicidio, aunque aún se desconocen las vías precisas de influencia.

Las discusiones anteriores sobre la ocupación/empleo y el estatus socioeconómico, y la discusión sobre las diferencias raciales y étnicas en la suicidalidad aluden al poder social diferencial que se refleja en la discriminación racial/étnica y sexual. La relación del poder con el suicidio en estos contextos es extremadamente compleja; el poder que tiene un determinado grupo a nivel macrosocial debe desentrañarse del control personal e interpersonal percibido por los individuos, el poder económico y la autopercepción de la capacidad para fomentar el cambio.

Las áreas emergentes de la psicología comunitaria y cultural se refieren a este último concepto como "control sociopolítico", y han encontrado pruebas de que el control sociopolítico puede moderar la relación entre ciertos factores de riesgo y los resultados de la salud mental al contribuir a la autoestima y promover la autoeficacia. Otras investigaciones muestran que la falta de poder puede generar desesperanza y exacerbar el estrés. Los estudios que se centran en estos conceptos podrían ayudar a explicar los aspectos fenomenológicos y etiológicos del suicidio entre las subpoblaciones marginadas y desfavorecidas.

Características de la comunidad: Rural vs. Urbano

De forma sistemática, las tasas de suicidio son más altas en las zonas rurales que en las urbanas. En China, la tasa es de dos a cinco veces mayor en las regiones rurales. Las jóvenes chinas se suicidan tres veces más en las zonas rurales que en las urbanas.

Esta misma tendencia se ha documentado también en los jóvenes varones de Australia. Incluso entre los adolescentes griegos, donde la tasa de suicidio es relativamente baja, las zonas urbanas registraron tasas de suicidio significativamente menores que las rurales. En Ucrania, el suicidio también es más frecuente en las zonas rurales y en las regiones desarrolladas industrialmente que en las ciudades. Con el tiempo, en algunos países, los efectos de la residencia rural-urbana están cambiando. En Japón, por ejemplo, la discrepancia entre las tasas de suicidio en los distritos rurales y urbanos aumentó de 1975 a 1985, pero disminuyó en los años siguientes.

Cambios sociales y suicidio

Desde los inicios del estudio de las tasas de suicidio por parte de las ciencias sociales, el cambio social masivo, especialmente el evidenciado por el auge de la era industrial, ha sido implicado como una de las principales causas del aumento de las tasas de suicidio. No es de extrañar, pues, el reciente descenso de los suicidios en muchos países de Europa Occidental y el aumento contrastado en los países de Europa Oriental. Las tasas en Rusia durante la era postsoviética han aumentado, en consonancia con un aumento general de la mortalidad y la morbilidad ajustadas por edad. Las tasas de suicidio estandarizadas por edad casi se han duplicado entre 1970 y 1995 en Letonia. En Ucrania, la tasa de suicidio aumentó un 57% entre 1988 y 1997. Sin embargo, durante la Perestroika en Rusia (1984 a 1990), las tasas de suicidio disminuyeron aproximadamente un 32% para los hombres y un 19% para las mujeres.

El descenso del suicidio femenino fue el mismo que el observado en el resto de Europa, mientras que el descenso de la tasa de suicidio masculino fue 3,8 veces mayor que el observado en otros países europeos. Este gran descenso de los suicidios masculinos en Rusia coincidió con una campaña nacional contra el alcoholismo en el mismo periodo. De este modo, las circunstancias sociales interactuaron para proporcionar una mayor esperanza de prosperidad económica y libertades sociales, con una reducción significativa del acceso al alcohol, creando un período asociado con la mayor disminución de las tasas de suicidio masculino en todo el mundo en los últimos 20 años.

Las tasas de suicidio han disminuido en los países bálticos desde 1986, año que marcó el inicio de un turbulento cambio social. Los colegas determinaron que las rápidas oscilaciones de la tasa de suicidio en Letonia entre 1980 y 1998 no podían explicarse por el cambio de la tasa de empleo, una caída repentina del PIB o un rápido aumento de la psicosis por consumo de alcohol por primera vez. Algunas investigaciones concluyen que, aunque el suicidio y los procesos sociales en Europa del Este durante los recientes periodos de cambio social están claramente relacionados, sigue habiendo complejidades en cuanto a los mecanismos y los aspectos específicos del cambio social que pueden afectar a las tasas de suicidio.

Los científicos analizaron los datos de la Organización Mundial de la Salud de 1955 a 1989 para 57 países y sugirieron que las tendencias están disminuyendo en muchas partes del mundo menos desarrollado, incluyendo América Latina y Asia (con la excepción de Sri Lanka). Otros sostienen que las tasas de suicidio han aumentado en los países menos desarrollados o entre determinados segmentos de la población de estos países. Por ejemplo, la tasa de suicidio en Sri Lanka ha pasado de niveles modestos a uno de los más altos del mundo en los últimos 50 años. En Singapur, los últimos 10 años muestran una mayor disparidad en las tasas de suicidio de hombres y mujeres.

. . .

Antes de este tiempo, la brecha de género había disminuido, y la discrepancia actual parece ser el resultado de la disminución de las tasas entre las mujeres más que de cualquier cambio real en los niveles de suicidio masculino. En Micronesia se produjo un repunte entre los adolescentes y los jóvenes en las décadas de 1970 y 1980.

Los investigadores atribuyeron esta "epidemia" a los grandes cambios sociales asociados a la modernización y la globalización, que provocaron la ruptura de los valores y prácticas tradicionales y el desarrollo de la "anomia", especialmente entre los adolescentes. En Samoa Occidental, por ejemplo, se ha planteado la hipótesis de que el aumento de las tasas de suicidio desde 1970 es el resultado de las crecientes expectativas de los adolescentes en el contexto de la desaparición de las oportunidades debido a la posición periférica de Samoa Occidental en la economía mundial. En China, los datos más recientes del gobierno chino correspondientes al año 2000 muestran un descenso significativo de la tasa de suicidio, que ha pasado de 23 por 100.000 a 17 por 100.000.

Diferencias entre países: ¿Reales o artificiales?

La interpretación de las tasas de suicidio transnacionales está sujeta a varias limitaciones. En primer lugar, los distintos países pueden asignar un significado y una clasificación diferentes a los actos. Los investigadores informan de que los países con sanciones religiosas contra el suicidio eran menos propensos a notificar sus tasas de suicidio a la Organización Mundial de la Salud y, por término medio, sus tasas notificadas eran más bajas que las de los países sin sanciones. En la India, las tasas de suicidio pueden estar mal representadas debido a prácticas culturales tradicionales y únicas, como la "muerte por dote", que es una categoría de muertes de mujeres jóvenes casadas que incluye tanto el homicidio como el suicidio a raíz de la intensa coacción por el pago de una dote no pagada o adicional. Puede ser difícil diferenciar el homicidio del suicidio en la investigación de estas muertes.

En segundo lugar, las diferencias entre países pueden reflejar la capacidad de respuesta del sistema de atención sanitaria de urgencia más que las diferencias en la intención de los individuos. Por ejemplo, la elevada tasa de suicidio entre las jóvenes chinas puede deberse a la letalidad de los medios disponibles ante la limitada disponibilidad de tratamiento. Las mujeres que viven en granjas en China suelen tener fácil acceso a pesticidas extremadamente tóxicos. A menudo no es posible obtener un tratamiento de urgencia tras la ingesta de estos productos químicos en un momento impulsivo. Así, los casos que podrían terminar como intentos de suicidio en Estados Unidos son mortales en China. Las diferencias en la demografía de los intentos de suicidio y de los casos terminados entre los países pueden reflejar estos artefactos de la infraestructura más que las diferencias psicológicas o biológicas.

En tercer lugar, hace tiempo que se piensa que la organización y el funcionamiento de los funcionarios médico-legales de los distintos países producen diferencias artificiales incluso entre países similares, como Gran Bretaña y Escocia. La mayoría de las sociedades en vías de desarrollo carecen de registros y de funcionarios con formación especializada para registrar los suicidios.

. . .

Además, existen diferencias entre países en la lógica subyacente de los sistemas de clasificación. En la India, por ejemplo, el esquema de clasificación se centra en los factores de estrés social más que en la psicopatología. En 1997, sólo el 4,9% de todos los suicidios se atribuyeron a trastornos mentales, mientras que el 95,1% restante se atribuyó a otras causas (por ejemplo, problemas familiares (18,4%), relaciones amorosas (3,7%), pobreza (3,4%)).

Los colegas sugieren que las elevadas tasas de suicidio en China podrían deberse a que allí los errores de cálculo deliberados son menores que en otros países donde el suicidio es ilegal o puede acarrear graves consecuencias para las familias.

Enfoques integradores - Estudios individuales y agregados

Los estudios que integran los eventos a nivel individual con los eventos a nivel agregado pueden ser extremadamente valiosos para la comprensión del riesgo de suicidio. Estos estudios son escasos. Los pocos que se han realizado sugieren que los resultados del nivel contextual no reflejan simplemente los efectos sumados del nivel individual. Por ejemplo, en un estudio realizado en Estados Unidos, la influencia de las características sociales y culturales a nivel de condado (un nivel inferior de agregación) no estaba tan fuertemente asociada a las tasas de suicidio como a nivel de grupo de condados. Las barreras teóricas y metodológicas impiden comprender cómo los individuos que se enfrentan a crisis personales similares responden de forma diferente según el contexto social y cultural en el que viven sus vidas. Por ejemplo, incluso con los hallazgos clásicos relativos a la religión, es esencial documentar si son sólo los católicos en áreas con alta representación de católicos los que están "protegidos" del riesgo suicida, si el contexto social ejerce un efecto protector en toda la región, y si ser miembro de un grupo diferente resulta en un mayor riesgo suicida. Como se describe con más detalle allí, un desglose de la tasa de suicidio por condado muestra las distribuciones geográficas. El uso de una distribución espacial de las estimaciones de Bayes revela los valores atípicos, es decir, los condados que son diferentes a los que los rodean.

Por ejemplo, en el oeste de Estados Unidos y en Alaska, donde las tasas de suicidio suelen ser altas, unos pocos condados tienen estimaciones de Bayes que coinciden con la media nacional. Del mismo modo, en el centro de Estados Unidos, donde hay una alta concentración de condados con las tasas de suicidio más bajas, también hay unos pocos condados que presentan las tasas de suicidio más altas. La identificación de estas anomalías espaciales y el examen de las características particulares que las explican puede ser un área fructífera para futuras investigaciones.

Una comprensión biopsicosocial

Las interacciones entre el entorno social y la salud general están bien documentadas, y de las pruebas se desprende que el mecanismo va más allá del acceso a la atención sanitaria o la exposición a las toxinas ambientales. La pobreza, la discriminación y el aislamiento social se asocian a una mala salud.

También se han descrito vínculos entre las enfermedades mentales y la cultura, la raza y la etnia. Se cree que los factores de riesgo implican desde la variación genética del metabolismo hasta los efectos adversos de la pobreza y la discriminación. Es probable que estos vínculos se extiendan al suicidio, pero las pruebas son limitadas.

Como se describe en este informe, son muchos los factores que influyen en el riesgo de suicidio: sociales, psicológicos y biológicos.

Las enfermedades mentales, la personalidad y el temperamento, los factores sociales e individuales de la experiencia, como la depresión económica, la pérdida interpersonal, la violencia social y el trauma infantil, y el contexto social de estas experiencias, son todos importantes para considerar la evaluación de cualquier individuo. La angustia psíquica puede ser un hilo conductor entre las culturas y los diagnósticos de los suicidas. A pesar de años de investigación, no podemos predecir quién se suicidará. Las mujeres afroamericanas, por ejemplo, tienen muchos factores de riesgo, como la discriminación, la pobreza, la exposición a la violencia, etc., pero también tienen una de las tasas de suicidio más bajas. ¿Por qué algunas personas con tanta adversidad no se suicidan y otras sí? La comprensión de esta relación aparentemente paradójica a través de la investigación biopsicosocial es fundamental para el avance de la suicidología. El suicidio sólo puede entenderse integrando enfoques que históricamente han permanecido separados.

Un dicho popular dice: *"El suicidio es una solución permanente para un problema temporal"*. Muchas personas en el campo de la prevención del suicidio detestan este dicho. Creen que anuncia erróneamente el suicidio, un problema social devastador, como una solución. La realidad es que, por muy trágico y destructivo que sea, el suicidio *es una solución*, y los problemas no siempre son temporales. Un individuo recurre al suicidio cuando considera que sus problemas son "ineludibles, interminables e intolerables". El suicidio promete una escapatoria, un final y, hasta donde se sabe, el cese del dolor. En lugar de adoptar explícitamente una agenda antisuicida, es mejor reconocer la naturaleza de solución de problemas del suicidio y buscar otras soluciones más constructivas.

Para entender mejor lo que el suicidio "arreglaría" para la persona, intente hacer estas preguntas, basadas en las sugerencias de los psiquiatras:

- *"¿Qué problemas te resolvería el suicidio?"*
- *"Si esos problemas pudieran resolverse de otra manera, ¿aún querrías morir?"*

Muy a menudo, la respuesta es no, la persona no querría morir si sus problemas y su dolor pudieran remitir de alguna manera. En este caso, puedes transmitir la esperanza de que hay otras soluciones esperando a ser descubiertas. No te lances demasiado pronto a resolver el problema.

Primero hay que demostrar empatía y comprensión de las razones de la persona para suicidarse. Después, enmarcar el suicidio como una conducta de resolución de problemas puede fomentar la esperanza. Amplía el pensamiento; la persona puede considerar posibilidades, soluciones e incluso, se espera, la supervivencia. El enfoque de resolución de problemas forja una alianza en la que usted y la persona suicida trabajan juntos para descubrir soluciones que no requieren la muerte.

Las personas con pensamientos suicidas son famosas por ver las cosas de una manera de todo o nada: Seguir vivo y sufrir inexorablemente, o morir por suicidio. La persona puede ver muy pocas opciones, si es que hay alguna, entre esos dos extremos. Una forma de ayudar a una persona suicida a superar este pensamiento dicotómico es ayudar a construir una "lista de opciones".

La idea es la siguiente: Se trabaja con la persona para hacer una lluvia de ideas de todas las opciones posibles que tiene, incluso las que parecen onerosas o inaceptables. A continuación, la persona ordena las posibilidades, de la mejor a la peor.

Hay que tener en cuenta dos pautas importantes para la lluvia de ideas:

1. *"La cantidad conduce a la calidad".* Cuantas más ideas, mejor.
2. *"Aplazar el juicio".* No se trata de generar buenas ideas, sino de generar *cualquier* idea, buena o mala.

La calidad de las ideas no es importante en este ejercicio. El objetivo principal es ampliar la perspectiva de la persona. El pensamiento expansivo, por definición, disuelve la constricción cognitiva, al menos temporalmente. Y en medio de las ideas inferiores o poco realistas, puede surgir una opción buena, realista y no reconocida previamente. Este tipo de lluvia de ideas es un componente clave del método de resolución de problemas.

No te opongas si la persona mantiene el suicidio en la lista como una opción. Siendo realistas, el suicidio siempre es una opción. La lista de opciones revela que, entre los extremos de la miseria abyecta y el suicidio, quedan muchas otras opciones por considerar.

Método de resolución de problemas

Los individuos suicidas suelen carecer de habilidades básicas para la resolución de problemas. Muchos psicólogos señalan que el suicidio en sí mismo es el resultado de un colapso en la resolución de problemas adaptativos y racionales. Ante problemas que parecen insolubles, la persona se siente desesperada. La desesperanza hace que sea aún más difícil pensar en otras soluciones posibles además del suicidio. Proporcionar habilidades concretas para la resolución de problemas puede ayudar a romper este ciclo y crear esperanza.

El método de resolución de problemas proporciona una forma estructurada para que la persona descomponga un proceso aparentemente abrumador en pasos manejables, como describen el psicólogo y sus colegas:

1. Identifique el problema específico que debe resolver.
2. Haz una lluvia de ideas sobre posibles soluciones (es decir, crea una lista de opciones).
3. Evaluar las ventajas e inconvenientes de las posibles soluciones.
4. Seleccione la opción que le parezca mejor.
5. Prueba la opción.
6. Evalúe los resultados y, si no son positivos, pruebe la siguiente mejor opción de la lista.

Explore con la persona todas las formas diferentes en que ha intentado resolver su problema hasta ahora. Cuando, en el paso 5 del proceso, la persona intente resolver el problema, enmarque este nuevo esfuerzo como un experimento en el que no hay éxito ni fracaso, sólo datos que ayuden a determinar qué funciona y qué no.

De este modo, si la opción seleccionada por la persona no resuelve el problema, se sientan las bases para intentar otra.

El método de resolución de problemas puede parecer elemental. Su valor reside en aquellas personas para las que las habilidades de resolución de problemas no son naturales. El método es una parte fundamental de la terapia de resolución de problemas, un tratamiento para la depresión basado en la evidencia. En algunos estudios, las personas que recibieron la terapia de resolución de problemas experimentaron una reducción de la ideación o el comportamiento suicida.

Independientemente del dolor, la pérdida o la desesperación que alimentan el deseo de morir de una persona, el suicidio es esencialmente una crisis de esperanza. Si el suicida pudiera creer que la vida puede mejorar, el suicidio perdería su encanto. La esperanza no sólo es el antídoto del suicidio, sino también su antítesis. Una estrategia para construir la esperanza es ayudar a la persona a centrarse en -o desarrollar- planes y objetivos significativos para el futuro.

La investigación ha demostrado que la esperanza emana de tres componentes pragmáticos: los objetivos, las vías para alcanzarlos y un sentido de agencia y competencia para tener éxito. La esperanza genera acción, y la acción genera aún más esperanza. Por lo tanto, las áreas que se deben explorar con la persona suicida son los planes, las metas y los sueños que la persona tiene pero que aún no ha realizado. Algunos psicólogos llaman a esto la "lista de asuntos pendientes".

Aconsejan a los suicidas que se centren en la idea de que tener asuntos pendientes en la vida es bueno, porque te da un propósito y objetivos que perseguir. En ese sentido, pídale a la persona que identifique lo que ha querido, ahora o en el pasado, para las áreas importantes de su vida: profesional, familiar, romántica, de amistad, de ocio (por ejemplo, viajes), de salud y bienestar, y de crecimiento personal. A continuación, pida a la persona que priorice los objetivos por orden de importancia.

Los objetivos no son suficientes. Como ya se ha dicho, para que una persona se llene de esperanza, también debe ver un camino para alcanzar sus objetivos. Ayude a la persona a idear las acciones que debe realizar para alcanzar cada objetivo.

. . .

Incluso los pasos más pequeños pueden crear un sentido de agencia y competencia, el tercer ingrediente necesario para que florezca la esperanza, según la teoría de la esperanza. Guíe a la persona para que identifique los posibles obstáculos y lo que hará para superarlos. Ayude a la persona a elaborar declaraciones de afrontamiento realistas sobre su capacidad para alcanzar sus objetivos. Puede obtener estas afirmaciones de afrontamiento utilizando preguntas de la terapia cognitivo-conductual, como: *"¿Qué le dirías a un amigo que tuviera los mismos objetivos que tú y tuviera problemas para alcanzarlos?"*

Establecer un objetivo, cualquier objetivo, por pequeño que sea, puede generar esperanza. Alcanzar el objetivo puede generar aún más.

El suicida necesita desesperadamente esta esperanza. En consecuencia, los psiquiatras sugieren hacer al suicida la siguiente pregunta: *"Si pudiéramos seleccionar una pequeña tarea que, si la cumplieras, te dijera que las cosas están un poco mejor, ¿cuál sería?"*.

Incorporar un kit de esperanza

Un kit de esperanza es una caja u otro recipiente que la persona suicida llena con recordatorios de por qué vale la pena vivir. La caja de la esperanza es un elemento central de la terapia cognitiva para la prevención del suicidio y tiene dos propósitos: Estimula el pensamiento sobre las personas, los lugares, las mascotas, los objetivos y otros aspectos de la vida que son importantes para la persona. Y, durante los momentos de crisis, puede ayudar a la persona a recordar lo que hay que esperar más allá de este momento tan doloroso.

Los artículos que suelen incluirse en los kits de esperanza son muy variados. Pueden incluir poemas significativos, letras de canciones, citas inspiradoras, fotos, tarjetas y cartas. Casi todo vale, siempre que el objeto no desencadene emociones dolorosas o malos recuerdos. Para ayudar a la persona a encontrar ideas sobre qué poner en el kit de la esperanza, hazle preguntas sobre las razones para vivir ahora y en el futuro:

1. *"¿Qué esperanzas te sostienen? ... ¿Qué cosas esperas hacer? ... ¿A qué lugares esperas ir?"*
2. *"¿Qué fotos, escritos, recuerdos y otros objetos podrían recordarle lo que le ha mantenido vivo hasta este momento?"*
3. *"¿Qué objetos podrían servir como símbolos de lo que esperas en el futuro?"*

Por la razón que sea, algunas personas pueden no querer hacer un kit de esperanza. En estos casos, los psicólogos recomiendan sugerir un sustituto, como un álbum de recortes, un cuadro o una página web. En un caso, una adolescente creó unos "zapatos de la esperanza"; decoró un par de zapatillas de deporte de caña alta con recordatorios de lo que daba sentido a su vida. El tipo de kit de esperanza no es importante. El valor de esta técnica radica en inspirar a las personas a buscar razones para la esperanza y a guardar recuerdos de esas esperanzas que puedan recordar. Y si la persona se niega a preparar un kit de esperanza de cualquier manera, puede ser significativo preguntar qué recordatorios físicos de esperanza podrían ir en un kit de esperanza si alguna vez decidieran hacer uno.

A menudo, la persona suicida experimenta una reducción progresiva tanto de las opciones como de la memoria. La persona es incapaz de ver el panorama completo, no sólo en términos de opciones además del suicidio, sino también en términos de todos los aspectos de uno mismo. Los recuerdos de los éxitos, la felicidad y los atributos positivos pueden volverse demasiado generales o desaparecer por completo. Parte de su tarea es ayudar a ampliar la perspectiva de la persona.

Si la persona afirma no tener fuerzas, es importante empatizar con lo doloroso que debe ser sentirse así. Pero también hay que ser escéptico. Todas las personas vivas tienen puntos fuertes de una u otra forma, de lo contrario no estarían vivas. Tus indicaciones y preguntas perspicaces pueden llevar a la persona suicida a ver cualidades personales que ha pasado por alto.

Las preguntas centradas en la solución se centran en las capacidades de la persona para afrontar y sobrevivir:

1. *"¿Cómo has afrontado todo lo que estás viviendo?"*
2. *"¿Qué has hecho para evitar que tu situación empeore?"*
3. *"¿Cómo has logrado mantenerte vivo en medio de tus pensamientos suicidas?"*
4. *"Pensando en otras ocasiones en las que has tenido pensamientos suicidas, ¿qué te ha ayudado a superarlos?"*

Otra vía para explorar los puntos fuertes es hacer que la

persona complete un inventario formal. Un recurso para ello es la Encuesta de Valores en Acción, disponible gratuitamente en www.viacharacter.org. Contiene 120 preguntas que recogen 24 puntos fuertes del carácter, como la creatividad, el amor por el aprendizaje, la perseverancia, la amabilidad, la justicia, la humildad, el humor y la gratitud. Se tarda unos 15 minutos en completarla, lo que la convierte en una tarea ideal para repasar juntos la próxima vez que se reúnan.

12

El autocuidado de la persona que apoya

Apoyar a una persona con tendencias suicidas, que ha intentado suicidarse o que ha perdido la vida por un suicidio, puede generar una amplia gama de sentimientos. Puede ser un reto, pero también humilde y gratificante. A veces puede ser confuso, estresante e incluso abrumador. Como en cualquier otro momento de estrés, es esencial que te cuides emocional y físicamente. Mantener el contacto con los amigos y la familia también debe ser una prioridad.

Se trata de encontrar el equilibrio adecuado para ti, es decir, equilibrar lo que puedes ofrecer a los demás al tiempo que atiendes a tus propias necesidades.

Gestionar el estrés

Es posible que haya muchas exigencias de tiempo y energía.

Para mantener la salud, es importante intentar minimizar el estrés.

• Haz descansos con regularidad. Esto incluye tomar descansos durante el día y momentos planificados para ti, un ejemplo es ir a dar un paseo al aire libre.

• Establece los límites de la ayuda que puedes prestar y durante cuánto tiempo. Si te agotas, ¿quién proporcionará apoyo a tus seres queridos?

• Pide apoyo a otras personas. Muchos agradecerán la oportunidad de ser útiles.

• Considere la posibilidad de hablar con su empleador sobre lo que ha sucedido y lo que puede ayudar en el trabajo, como un horario flexible.

• Intenta reducir las exigencias que te imponen, aunque sea de forma temporal. Prepárate para decir que no a las peticiones adicionales.

• No tomes ninguna decisión importante en tu vida mientras las cosas no estén resueltas.

Desarrolla una red de apoyo para ti mismo

. . .

Encontrar la combinación adecuada de personas que te apoyen es un paso clave para cuidarte. Piensa en las personas que conoces que son de confianza, que saben escuchar, con las que te gusta estar y que te entienden. A algunas personas, que han tenido experiencias similares, también les ha resultado útil relacionarse con otras personas en persona o en línea.

• Póngase al día regularmente con sus amigos, familiares y allegados.

• Identifica a personas de tu comunidad en las que confíes y con las que puedas hablar.

Dedicar tiempo a uno mismo

• En momentos de estrés, es fácil pasar por alto las propias necesidades.

• Busque formas de incluir actividades que le gusten dentro de su rutina habitual.

• Pasa tiempo con la gente con la que te gusta estar.

• Recuerda buscar la diversión y la risa.

• Permanece en el momento: observa los momentos en los que disfrutas de las cosas.

Considere su estilo de vida

Tu bienestar se verá afectado por tu estilo de vida. Puede ser útil reflexionar sobre si su estilo de vida favorece o dificulta su capacidad de afrontamiento.

• Sigue una dieta equilibrada y nutritiva. Incluye una variedad de alimentos saludables, como muchas verduras, frutas y cereales, algo de carne magra, pollo o pescado, productos lácteos y mucha agua.

• Reducir el consumo de alcohol y otras drogas.

• Realice ejercicio físico con regularidad. Pase al aire libre, preferiblemente en la naturaleza.

• Establezca un buen patrón de sueño.

• Asegúrate de que la relajación está integrada en tu rutina; los ejercicios de respiración, la relajación muscular progresiva, la meditación, el yoga y el Tai Chi pueden ser buenas formas de hacerlo.

• Significado y propósito; para ayudar a superar los tiempos difíciles, piensa en lo que es importante para ti, haz cosas que te hagan sentir bien.

• Participa en actividades que consideres que merecen la pena y en las que te sientas valorado.

• Dedica tiempo regularmente a tus intereses y aficiones. Piensa en unirte a un grupo o en estudiar algo que siempre te ha interesado.

• Piensa en el voluntariado o en cómo puedes devolver algo a la comunidad.

• Desarrolla una comprensión de tus experiencias. Puedes hacerlo por ti mismo o hablando con otra persona (o con un servicio de apoyo). Puede resultarte útil conectarte con una iglesia, alguna otra actividad espiritual o participar en actividades creativas en tu comunidad.

• Planifica algo que te haga ilusión, como unas vacaciones.

Acceder a los servicios de apoyo

• • •

Puede resultarle útil acceder a un servicio de apoyo para hablar de lo que ha sucedido y resolver cómo puede seguir adelante. Los profesionales de la salud también entienden que hay que cuidarse para poder apoyar a otra persona.

No es necesario estar en un punto de crisis para acceder a un servicio de apoyo. Puedes tener citas periódicas o acordar reunirte con ellos o llamarlos cuando los tiempos sean difíciles o cuando simplemente tengas preguntas que necesiten respuesta. Recuerda que encontrar a la persona adecuada puede llevar tiempo y no es raro que veas a varios proveedores de servicios antes de encontrar a uno que encaje. Si no se siente identificado con la primera persona, intente encontrar a otra.

13

Autocuidado para los supervivientes de pérdidas por suicidio

El autocuidado no es una prioridad para la mayoría de las personas. Esto no es sorprendente, ya que sobrevaloramos el cuidado de los demás y restamos importancia o minimizamos el cuidado de nosotros mismos. Y lo que es peor, el autocuidado se percibe como algo egoísta o autoindulgente.

¿Qué significa el autocuidado y qué implica? En pocas palabras, implica: cuidado físico, emocional, psicológico, social y espiritual.

La idea misma de que los supervivientes de la pérdida del suicidio practiquen el autocuidado puede parecer radical. El estigma, la vergüenza, el secreto y el silencio a los que se enfrenta un superviviente invisibilizan, borran y marginan cualquiera de sus preocupaciones válidas. Igualmente relevante es el hecho de que la mayoría de los supervivientes sienten que no tienen derecho a ninguna forma de apoyo, ni de ellos mismos ni de los demás.

En un nivel fundamental, el autocuidado extremo para los supervivientes de una pérdida por suicidio consiste en una extraordinaria autocompasión. Se trata de tomar decisiones conscientes para amarnos incondicionalmente, aceptando nuestras imperfecciones y abrazando nuestras vulnerabilidades.

Nuestros mundos han sido desgarrados por la tragedia que ha dejado profundos cráteres y heridas abiertas en nuestra psique.

Necesitamos establecer una nueva normalidad que no sólo honre y respete a nuestro ser querido que hemos perdido, sino que también nos permita reescribir nuestras vidas a medida que avanzamos en la tragedia.

Cada superviviente de una pérdida por suicidio sufre un duelo diferente. No hay tiritas, soluciones rápidas ni un enfoque único para la recuperación. Dicho esto, he aquí algunos consejos para el autocuidado radical que me ayudaron a sanar y transformarme:

Lo primero es lo primero: Atiende a tus necesidades básicas. Asegúrese de comer alimentos nutritivos, beber mucha agua y descansar y dormir adecuadamente. En la fase aguda del duelo traumático, los supervivientes pueden experimentar una pérdida de apetito. O bien, pueden darse atracones y comer en exceso. En cualquier caso, asegure un equilibrio. Es muy probable que el sueño reparador le resulte esquivo. Los recuerdos intrusivos, los episodios de llanto y el puro agotamiento pueden impedirte conciliar el sueño o despertarte tras un breve periodo de sueño agotado. Me resultó útil tomar medicamentos para dormir recetados durante el primer mes después de la tragedia.

Luego, a medida que fui acumulando recursos, los fui reduciendo gradualmente bajo supervisión médica.

Quédate con tus sentimientos: En la fase aguda del duelo (los tres primeros meses), estaba abrumada por emociones como la ira, la tristeza, el rechazo, el abandono y el miedo. Puede ser tentador y recibirás muchos consejos bienintencionados de amigos y familiares para "luchar, conquistar o someter" tus emociones difíciles. Estas metáforas militaristas me parecieron (y me siguen pareciendo) poco potentes, autodestructivas y no sostenibles. En su lugar, quédate con tus sentimientos; enfréntate a ellos (en lugar de huir de ellos sumergiéndote en el trabajo o en otras formas de adicción física como el alcohol o las relaciones tóxicas). Se necesita valor para hacer esto porque estos sentimientos a menudo te emboscan con la ferocidad de un depredador. Es importante validar cada sentimiento. Evita etiquetarlos o juzgarlos.

Sin embargo, se requiere una considerable conciencia de sí mismo, autenticidad y valor para poder hacerlo. Pero créeme, mejora cada vez que tomas la decisión de quedarte con tus sentimientos.

Trátese con la máxima autocompasión. Te lo debes a ti mismo. Estamos tan condicionados a esperar amor del exterior. En cambio, tenemos que dárnoslo a nosotros mismos; sé amable contigo mismo.

. . .

Exprésate: Permítase reconocer, explorar, expresar y honrar cada emoción.

A mí me resultan especialmente útiles los diarios y los libros de colorear para adultos.

Busca grupos de apoyo: La pertenencia a grupos de apoyo, tanto en línea como en persona, me resultó muy útil. Conocer a otras personas con experiencias similares crea una sangha, una extraña comunión con la que sólo pueden empatizar quienes han vivido la pérdida del suicidio. Escuchar las experiencias de otras personas sobre la pérdida, cómo respondieron, los retos a los que se enfrentaron y sus estrategias sirve para normalizar la experiencia de la pérdida por suicidio y nos hace sentir que le puede pasar a cualquiera en cualquier momento. Nos damos cuenta de que nosotros, los supervivientes de la pérdida, no somos en absoluto responsables del acto de nuestro ser querido.

Busque servicios de asesoramiento y terapias que tengan en cuenta el trauma y se centren en los supervivientes de la pérdida por suicidio: exploré varias modalidades terapéuticas basadas en el cuerpo, como la Terapia Gestalt, la Terapia de Movimiento Ocular Integral (TMEI), la Transformación del Núcleo y el psicodrama (tanto en grupos como en entornos individuales), que me ayudaron a eliminar las diferentes capas del duelo por suicidio. Descubrí que la mayoría de los profesionales de la salud mental tenían un conocimiento inadecuado sobre el asesoramiento a los supervivientes de la pérdida por suicidio. Respondí a esta laguna capacitándome como coach de vida especializado en pérdida y transición.

. . .

Haz cambios en tu entorno físico: Tomé la difícil y valiente decisión de vivir en la misma casa donde había perdido a mi ser querido. A pesar del trauma, la casa -que mi difunto marido y yo habíamos construido con mucho cariño- también guardaba recuerdos felices para mí. Además, no podía afrontar otra transición en ese momento de mi vida. Como había decidido seguir viviendo en el mismo lugar, decidí hacer varios cambios en el espacio físico. Repintar la casa, reordenar los muebles, deshacerme de los trastos y desordenarlos, comprar algunos muebles nuevos, todo esto le dio a la casa un "nuevo aspecto". También fue un símbolo de mi esfuerzo por reorganizar mi vida.

Rodéate de familiares y amigos que te apoyen: No se trata del número de personas. Además de mi familia biológica, tenía (y sigo teniendo) amigos que me apoyaban incondicionalmente. Poco después de la tragedia, mis padres, ya mayores, decidieron dividir su tiempo entre donde vivo y donde residen. Su presencia amorosa y compasiva fue un bálsamo para mi alma. Han sido los pilares centrales de mi recuperación y curación. Mis amigos más cercanos me abrieron las puertas de sus casas y sus corazones. En las primeras fases del duelo, me resultaba imposible quedarme en casa por las tardes, ya que los recuerdos me asaltaban. Así que iba a sus casas, pasaba tiempo con ellos, cenaba y luego volvía a casa. Eso marcaba la diferencia. También me llamaban por teléfono todos los días para preguntarme cómo estaba y para demostrarme lo mucho que les importaba.

. . .

Explorar los sistemas tradicionales de curación: En las primeras etapas del duelo, tenía dolores de cabeza intratables y una presión arterial elevada, no era capaz de procesar mis pensamientos con claridad debido a la niebla cerebral. Esto último se solucionó en un par de meses, pero los dolores de cabeza no cesaron; los medicamentos que tomé para ello no ayudaron. Desesperada, probé la acupuntura, las flores de Bach, el ayurveda y la terapia de masaje marma. El dolor de cabeza se calmó milagrosamente casi al instante. Desde entonces, sigo los tres modos de tratamiento con regularidad. Me han funcionado a nivel físico, emocional y espiritual y me han ayudado a procesar el duelo de forma orgánica y visceral. El duelo no es algo que sólo existe mentalmente; se almacena en cada célula del cuerpo. El masaje de tejido profundo y las técnicas de masaje a lo largo de los meridianos nerviosos me devolvieron gradualmente, pero con seguridad la vitalidad y el bienestar de una manera holística.

Desarrollar nuevas aficiones, encontrar salidas creativas: Adquirí una nueva afición: empecé a aprender música carnática y a retomar mis dos pasiones: viajar y escribir. La fotografía de la naturaleza, la lectura del tarot y de las cartas del oráculo, la exploración de técnicas de curación basadas en la energía, la participación en el activismo para la prevención del suicidio... estas actividades me ayudaron a transformar mi dolor en una energía útil.

Cómo lidiar con los desencadenantes: Mi aniversario de boda, el aniversario de la muerte de mi cónyuge y su cumpleaños fueron y siguen siendo potentes desencadenantes que desatan un tsunami de recuerdos. Me ocupo de ellos visitando a mis padres en esos días y este año, en el segundo aniversario de mi pareja, visité el templo de Sri Krishna en Guruvayoor, mi ishta devata o deidad elegida.

Hubo varias experiencias milagrosas en este lugar sagrado que me ayudaron a sanar.

Empodérate con el conocimiento: He leído mucho sobre el suicidio y los supervivientes de la pérdida por suicidio. Estos recursos -material que encontré en línea y en libros- me han permitido adquirir perspectivas informadas que me han empoderado.

Anclarse en la espiritualidad: Este ha sido el pilar central de mi viaje de curación. Me comprometí con mi sadhana diaria con renovado vigor: incluye hacer una kriya, rezar, practicar pranayama, yoga y meditación. Son prácticas yóguicas que incorporan la respiración. El concepto de sharanagati -que traducido libremente significa rendición- es ahora una parte integral de mi vida y me ha ayudado a mantener el rumbo.

Si eres un superviviente de la pérdida de un suicidio, la muerte de tu ser querido nunca será algo que simplemente "superes".

Eran especiales para ti, y ahora tu mundo ha cambiado para siempre.

. . .

Es natural que el proceso de duelo sea lento y que tengas días en los que sientas que te aplasta el peso de tu pena. Es posible que quiera retraerse, culparse a sí mismo o a otra persona, enfadarse o tener problemas para levantarse de la cama. Ten en cuenta que el duelo no es algo que deba ignorarse o tratarse a la ligera.

El duelo es un trabajo duro, y puede sacar mucho de ti. Por muy fácil que sea caer en hábitos poco saludables, es crucial que te cuides a lo largo de este difícil momento. A continuación se ofrecen algunas sugerencias para ayudarle a gestionar el duelo de forma saludable.

- *Cuídate físicamente*: intenta comer bien, hacer ejercicio y mantener tu higiene. Haz todo lo posible por evitar las drogas y el alcohol, ya que pueden dificultar la superación de este proceso y convertirse en un mecanismo de afrontamiento problemático.

- *Vuelve a la rutina* - Tu vida se ha visto alterada de una manera enorme y nunca volverá a ser la misma. Aun así, puede ser beneficioso para usted volver a la "normalidad" lo mejor que pueda y lo antes posible. Tener algún tipo de estructura en su proceso de duelo puede ayudar a establecer una sensación de normalidad e incluso de esperanza.

- *No retengas tus sentimientos* - Habla con personas de confianza sobre tus sentimientos, o al menos intenta reservar un tiempo cada día para reconocer tu dolor. Además de hablar, existen otros métodos de desahogo como la poesía, la música, la escritura, la pintura, el baile, etc. Aguantar los sentimientos y fingir que no están ahí no es una forma ideal de manejar el dolor, así que cualquier salida que funcione para ti es beneficiosa.

- *Busque apoyo* - Una pérdida por suicidio es una pérdida tremenda y es mucho para llevar sola.

No tenga miedo de pedir ayuda, ya sea con cosas cotidianas como cocinar, lavar los platos y la ropa o necesitando un hombro para llorar y un oído amable para escuchar. A menudo, los amigos y las familias quieren ayudar pero se sienten impotentes; podrían estar agradecidos de que se les asigne una tarea que pueda ayudarte. Si no te sientes cómodo pidiendo ayuda a tus amigos o familiares, hay muchos otros recursos: profesionales de la salud mental, asesores espirituales, grupos de apoyo y líneas telefónicas de ayuda.

- *Manténgase presente* - Tome este proceso un día a la vez y tome cada momento como viene. Esto le permite ser capaz de identificar, reconocer y aceptar sus sentimientos a medida que surgen. El duelo tras un suicidio puede ser imprevisible. Lleva un diario, practica yoga o medita, cualquier cosa que te dé tiempo para concentrarte en lo que sientes y en cómo quieres manejarlo.

- *Acepta tus limitaciones*: algunas cosas pueden ser demasiado difíciles de hacer en este momento, ya sea entrar en la habitación de tu ser querido, visitar su tumba o cualquier otra cosa. Recuerda que el proceso de duelo es lento y que cada persona se cura a un ritmo diferente. No tengas prisa por alcanzar a otros que parecen estar más adelantados que tú en su duelo. Es importante que respetes tus propias limitaciones y descubras en tus propios términos cómo y cuándo superarlas.

- *Ten paciencia* - Puede que no seas la única persona afectada por esta pérdida. Piensa en el abanico de emociones que estás sintiendo y considera que otras personas a tu alrededor están pasando por un proceso similar.

Ten paciencia contigo mismo y con los demás. Algunas personas te proporcionarán un apoyo increíble. Otras simplemente no entienden por lo que estás pasando. Si puedes, evita a las personas que te digan cómo debes sentirte o que te hagan sentir mal por la pérdida de tu ser querido. No hay una forma correcta de hacer el duelo y, a pesar del desafortunado estigma que todavía se le asocia, "suicidio" no es una palabra sucia.

Conoce tus límites y respétalos. Conoce los límites de los demás y respétalos también.

Permítase sentir emociones positivas - Permítase sonreír, reír y participar en cosas que le produzcan alegría. Estas cosas pueden relajarte e incluso distraerte de la tragedia que has sufrido, y son cosas que tu ser querido querría que hicieras.

14

Cuidado con la posibilidad de recaída

Para muchas personas, los pensamientos suicidas entran por una puerta que, una vez abierta, nunca se cierra del todo.

Incluso después de la recuperación, haber pensado en el suicidio hace que una persona sea vulnerable a que los pensamientos suicidas vuelvan a traspasar la puerta. Por ejemplo, en un estudio longitudinal de 20 años sobre niños y jóvenes, sólo un tercio de las personas que informaron de ideas suicidas en un año no volvieron a informar de ello. Y lo que es peor, cuanto más se abre esa puerta, más fácil es que vuelvan a surgir los pensamientos suicidas.

Para ayudar a la persona a prepararse, hágale saber amablemente que a veces -aunque no siempre- los pensamientos suicidas reaparecen.

. . .

Advertir a la persona sobre la posibilidad de una recaída crea un punto de partida natural para elaborar una estrategia sobre qué hacer si los pensamientos suicidas regresan. Esta discusión también puede ayudar a inocular a la persona contra los sentimientos de fracaso.

Aun así, no hay que pintar un panorama sombrío. No todas las personas que se recuperan de una crisis suicida vuelven a caer en ella. Y las personas que vuelven a estar ahí suelen tener nuevos conocimientos y herramientas que les ayudan a superar la prueba. Esta es una de las razones por las que es importante ayudar a la persona a repasar las lecciones aprendidas, consolidar los logros y pensar en qué hacer en caso de recaída, que son los temas de los dos siguientes consejos.

Revisar las lecciones aprendidas

La vida suele ser una maestra cruel, pero las lecciones aprendidas tienen su valor. Para ayudar a consolidar estos nuevos conocimientos, un grupo de psiquiatras recomienda guiar a la persona para que elabore un "plan de prevención del suicidio", en el que reflexione sobre diversas cuestiones por si se produce otra crisis:

1. *"¿Cuáles son mis objetivos más importantes para el próximo año?"*

2. *"¿Qué tensiones preveo para el próximo año, tanto las actuales como las nuevas, y cómo pienso afrontarlas?"*

3. *"¿Cuáles son las ideas más valiosas que he aprendido en el tratamiento hasta ahora, y cómo pienso recordarlas?"*

4. *"¿Cuáles son las estrategias de afrontamiento más valiosas que he aprendido en el tratamiento, y cómo y cuándo pienso utilizarlas?"*

5. "¿Qué obstáculos pueden surgir que se interpongan en el uso de estas estrategias de afrontamiento, y cómo los superaría (por ejemplo, estar demasiado cansado para afrontarlo, desanimarme por tener problemas)?"

Un "plan de prevención del suicidio" es esencialmente una reflexión o un diálogo informal. El siguiente consejo describe un protocolo de prevención de recaídas que lleva tiempo y aporta más profundidad y estructura.

Protocolo de prevención de recaídas

El protocolo de prevención de recaídas consiste en una serie de ejercicios de imaginería guiada en los que se guía a la persona para que describa con todo detalle tres situaciones diferentes:

1. La situación en la que la persona intentó suicidarse o se sintió más suicida.

2. La misma situación, con la persona señalando lo que podría haber hecho de forma diferente, basándose en las lecciones aprendidas posteriormente.

3. Una situación futura en la que el pensamiento suicida podría repetirse, con la persona imaginando cómo aplicará sus nuevas habilidades de afrontamiento.

. . .

Revisar la situación o el estado interno que provocó los impulsos suicidas puede, comprensiblemente, alterar al individuo. Por eso, antes de comenzar los ejercicios de imaginería guiada, debe describir el proceso a la persona, proporcionarle la justificación, asegurarle que le ayudará a superarlo y pedirle explícitamente su permiso para seguir adelante. Resuelvan juntos qué hacer si la persona se deteriora durante el ejercicio de prevención de recaídas. Por ejemplo, una opción es tomarse un descanso. Otra opción es dejar de revisar la crisis anterior y fijarse sólo en la hipotética crisis futura. Algunas personas deciden no participar en el protocolo de prevención de recaídas. Si su cliente lo rechaza, revisen juntos de manera informal las habilidades y conocimientos de afrontamiento que la persona puede aplicar a las crisis en el futuro.

Para comenzar la primera imaginería guiada, se pide a la persona suicida que relate vívidamente los acontecimientos, pensamientos y emociones que condujeron al reciente intento de suicidio o a la crisis suicida, utilizando el tiempo presente como si estuviera ocurriendo ahora. Algunos colegas dan este ejemplo con una persona que intentó suicidarse:

Me gustaría que cerraras los ojos y pensaras en el día en que hiciste el intento de suicidio. Me gustaría que imaginara el momento justo antes del suceso que pareció desencadenar la secuencia de acontecimientos que condujeron al intento.

Imagina en tu mente lo que ocurrió ese día, y descríbeme estos acontecimientos y tus reacciones a estos acontecimientos como si estuvieras viendo una película de ti mismo.

. . .

Al igual que el análisis de la cadena de conducta, los ejercicios de imaginería guiada exigen que la persona se inspire en recuerdos muy específicos y evocadores.

Las preguntas se formulan en tiempo presente, pero se aplican al acontecimiento recordado: *"Entonces, ¿qué sucede?" "¿Qué haces después?" "¿Qué pensamientos pasan por tu mente?" "¿Qué emociones sientes?"*

El segundo ejercicio de imaginación guiada es muy parecido al primero, salvo que esta vez la persona ensaya mentalmente la aplicación de las habilidades y conocimientos que ha aprendido. Puedes pedirle a la persona que invoque estas habilidades con varias preguntas: *"Imagínate pensando en otras opciones ahora mismo. ¿Cuáles podrían ser?" "Imagínate usando tu plan de seguridad ahora mismo. ¿Qué dice?" "¿De qué otra forma podrías resolver el problema?"*. Pida a la persona que prevea los obstáculos para utilizar sus nuevas habilidades y su plan de seguridad, y que describa cómo solucionaría esos obstáculos.

Por último, en el tercer ejercicio de imágenes guiadas, la persona identifica un escenario estresante que se avecina y describe cómo resistirá de forma segura los impulsos suicidas, en caso de que surjan. Una vez más, pregunte a la persona qué probabilidad hay de que utilice sus nuevas habilidades de afrontamiento e invítela a hacer una lluvia de ideas sobre cómo aumentar esa probabilidad.

. . .

Después de cada ejercicio de imaginería guiada, explora las emociones de la persona sobre su episodio suicida y el hecho de revivirlo, o sobre la perspectiva de que pueda volver a caer en una crisis suicida. Este es también un momento para evaluar la ideación suicida actual. Si completar el protocolo de prevención de recaídas desestabiliza a la persona de manera significativa o expone áreas en las que se necesita más trabajo, el plan de tratamiento debe cambiar en consecuencia. De lo contrario, la capacidad de la persona para sacar provecho de las habilidades de afrontamiento puede ayudarle a decidir si es apropiado cambiar el enfoque de la terapia de la prevención del suicidio a algún otro tema, o concluir la terapia por completo.

Proponer escribir una carta al yo-suicida

La sabiduría adquirida con esfuerzo durante una crisis es fluida. A menudo, las personas olvidan. Entonces, si se produce una nueva crisis, pueden encontrarse de nuevo encerrados en la oscuridad, incapaces de recordar todas las razones que tenían para mantener la esperanza y rechazar el suicidio. Una carta comprendida a su yo futuro puede ayudarles a recordar. Incluso si la persona no vuelve a mirar la carta, el acto de escribirla puede ser un ejercicio terapéutico. Si la persona vuelve a leer la carta en un momento de oscuridad, es de esperar que le recuerde la luz que hay fuera de su vista.

El contenido de la carta depende de la imaginación de la persona, pero si necesita sugerencias sobre qué incluir, aquí tiene algunas ideas:

. . .

1. verdades que la persona aprendió de la manera más dura sobre cómo superar una crisis suicida;

2. razones para la esperanza, y para seguir vivo;

3. los puntos fuertes y otros rasgos buenos de la persona, que a menudo quedan oscurecidos en la crisis;

4. consejos sobre cómo salir vivo de la crisis.

Conclusión

Este libro ha insistido en la importancia de la intervención apropiada que puede realizar cualquier persona, pero también enfatiza que debe ser un profesional quien atienda las actitudes suicidas, dada la diversidad de factores culturales, económicos, psicológicos y etarios. Sin embargo, considere que las pequeñas acciones cuentan y que las señales que apelan a la vida pueden escucharse en cualquier momento.

www.ingramcontent.com/pod-product-compliance
Lightning Source LLC
LaVergne TN
LVHW021717060526
838200LV00050B/2712